說故事與親子共讀

林美琴 著

從零開始，讀出孩子的學習力與成長力

目錄 Contents ♥

實踐篇　親子共讀
甜甜圈

🩶 作者序 Preface 🩶

　　從事閱讀推廣工作多年，常常在講座時遇到學習者提出這樣的問題：「聽過您的講座後，我知道閱讀很重要，但是孩子已經上國中了，卻不愛閱讀，請問該如何是好？」或是：「啊！要是在孩子還小的時候聽到這樣的講座就好了！」這些回應都說明了許多孩子從小未能養成閱讀的興趣與習慣，長大後也不愛閱讀。

　　那麼，閱讀對於孩子的重要性為何？從閱讀教育的意涵來談，閱讀可以涵養談吐及品格，搭起孩子與世界的橋梁，豐富生命，拓展眼界，增長智慧，培養解決問題的能力，看見希望的未來，建構幸福的人生。神經生理科學研究更發現：嬰幼兒時期是腦力發展的黃金時期，此時若能強化大腦刺激，將有助於腦神經的密集連結，對於身心成長都有莫大的助益。而閱讀是刺激腦力最直接簡便且有效的方式，此研究提出了嬰幼兒早讀的重要性，而嬰幼兒早讀需要大人的引領，於是親子共讀遂獲得廣泛的重視。從 1993 年英國伯明罕大學發起的「0 歲閱讀起步走」（Bookstart）計畫開始，全世界先進國家紛紛跟進，現今台灣各縣市也有這項活動，贈送閱讀禮袋給新生兒，希望

藉由親子共讀，建置寶寶從出生即開始的閱讀日常，也是嬰幼兒早讀的實踐。此項研究也獲得醫界的支持，許多小兒科醫生也認同親子共讀對於嬰幼兒身心發展的助益，並在臨床上證實其成效，開始在診間推廣親子共讀，甚至將親子共讀納入處方箋裡，於是，親子共讀也成為優生優育的重要環節了。

然而，現在的家長在小時候往往沒有上述的早讀經驗，也不見得知道嬰幼兒早讀的重要性，即使領到閱讀禮袋也不知如何運用，或者知其一不知其二，誤認早讀就是提早讀學齡孩子的書，揠苗助長，搞壞孩子閱讀的胃口，或者想和孩子共讀卻力不從心，甚至不知如何進行而深感挫折。這本書乃因應上述的需求而寫成的，從第一篇嬰幼兒早讀與親子共讀的論述開始，強化親子共讀的動機，並根據孩子成長階段的身心發展特質，選擇適齡的讀物，進而建置閱讀環境，解決共讀時常見的問題，期能順利展開共讀日常；接續第二篇從繪本的認識、各種說故事及共讀方法的介紹，營造愉悅的共讀情境，培養閱讀的興趣，涵養思考、專注及表達能力，養成自主閱讀的習慣，希望藉由系統論述與實踐方法相輔相成，提升共讀的樂趣與品質，實現親子共讀對孩子成長及學習的助益。

在我多年來從事成人及兒童、青少年閱讀的專書寫作後，回頭來編寫這本關注嬰幼兒閱讀起始的書，對我而言更是深具

意義，因為書中傳遞的不只是專業知識的論述，更有我多年來親子共讀實踐的印證，書裡的觀念與方法給了我在教養上莫大的助力，讓孩子得以在人生路上穩健前行；同時也因為多年來的講座與培訓，讓我更能了解父母教養小孩的困境，在書中解答了各種困惑，並有許多家長們分享的寶貴經驗，相信這樣的書寫更能貼近父母們的需求。誠然在今日網路無遠弗屆的時代裡，各種嬰幼兒教養知識及訊息隨手便能取得，但這樣碎片化的擷取，無法確實掌握孩子各年齡層發展的特質，然而，孩子的成長是環環相扣的接續過程，這也是本書編寫的初衷，希望父母們能夠全盤了解孩子的成長脈絡，知道閱讀對孩子學習力與成長力的關鍵影響，展開說故事與親子共讀的實踐，持續閱讀的進程，伴隨著愛與希望，和孩子一起快樂成長。

感謝時報出版社趙董事長慨然應允出版這本書，一直都是時報出版社的忠實讀者，能在時報出版社出版這本著作更覺得意義非凡，也期待這一本談閱讀希望工程的書能讓閱讀的價值重新被看見，並且培養更多的讀者，以書本的智慧之光照亮前行的道路，給予人生無限的幸福與祝福。

理念篇

親子共讀
棒棒糖

Chapter **1**

寶寶最初的終身大事：
你不可不知的大腦世界

嬰幼兒是腦力發展的黃金時期，如果能於此時給予大腦刺激，將可活化腦細胞，加強腦神經連結的密度，提供日後情感、語言、智力發展及後續學習的良好助益。

經過十個月的期待，終於迎來寶寶的誕生了。新生兒的一聲一笑都牽動著父母的心，關心寶寶是否健康，期待寶寶順利長大，養育寶寶成為父母最甜蜜的負擔。許多人認為，剛出生的嬰兒似乎只是吃和睡，最重要的是給予生理足夠的營養，至於學習，那是較大以後的事！然而近來科學研究發現：嬰幼兒時期是大腦發育的黃金時期，在這時儘量刺激寶寶的大腦發展，對於語言、智力及情感的發育和後續的學習都有很大的幫助。

🍎 嬰幼兒驚人的大腦

人類一出生就擁有將近 1,000 至 2,000 億個腦神經元細胞（neuron），每一個神經元細胞從細胞核為中心的細胞體（cell body）延伸出一群稱為樹突（dendrites）的樹狀突起，每一個神經元細胞有數以百計的樹突，這是神經元的訊息接收站，將傳入的訊息藉由樹突傳送至神經元本體。另外還有一條單一細長的管狀突起，稱為軸突（axon），負責將細胞體的訊息傳送出去。軸突上面覆蓋著一層外膜，稱為髓鞘(myelin sheath)，由髓磷脂（myelin）構成，保護神經元，並準確穩定的傳導訊息。有些軸突只有幾毫米長，有些卻可長至一米以上，在末端有個稱為突觸（synapse）的連接點，與其他神經元的樹突連接，形成訊息接收與傳輸的網絡，藉此建立了動作、思想、記憶和感覺等等各項大腦功能。當有新訊息進入時，大腦會先運用既有的神經傳導，連結相關的神經系統彼此支援，應對遇到的情境。大腦的迴路越密集，就好像有了四通八達的網絡系統，更能靈活發展各式思考的路徑，能夠觸類旁通，學習認知更容易，也強化了理解與解決問題的能力，進而活化無限可能的創造力；反之，若神經元細胞彼此之間沒有連結，即使數量再多也無法發揮功能，因此寶寶的聰明關鍵不是 1,000 到 2,000 億個腦神經元細胞數量之間的先天差距，而是細胞體裡樹突與軸突的連結作用。（註）

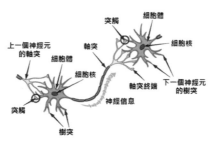

大腦神經元彼此之間的接收與傳輸，建立大腦功能。
（圖片來源：http://www.hkpe.net/）

　　寶寶來到世上，大腦即開始在聲音、動作、各種人與物件……的接觸時建立神經元連結，在突觸與突觸的媒合裡，不斷建構認知系統，同時，因為生物「用進廢退」的本能，在 1 歲以後，即進行多餘和沒有用到的神經元網絡修剪，沒有得到刺激的突觸不斷萎縮減少，一一切斷腦神經細胞彼此之間的連結，因應環境逐漸形成大腦的功能狀態。因此，嬰幼兒階段是腦力發展的黃金時期，若能在此時儘量提供刺激，促進腦神經元網絡的密集連結，就可強化寶寶動作、語言、認知、情緒等多種能力的發展。

🍎 嬰幼兒是大腦發育的黃金時期

　　上述的研究指出：嬰幼兒腦部刺激對於認知發展的重要性，也說明不管先天腦細胞數量多少，寶寶的腦神經必須依靠外界刺激來充分發展，後天的教養環境更為重要。有鑑於此，現今世界先進國家關注新生兒的養育不只是生理的飽足，也在於心智成長的滋養，鼓勵教養者掌握寶寶大腦發育的黃金時期，在嬰幼兒時期儘早給予大腦的刺激，像是多跟寶寶說話，讓寶寶與環境更多互動等等，讓腦神經的連結更為綿密，對於嬰幼兒的心智發展有很大的助益，日後學習也更加容易。

🍎 0 歲閱讀起步走（Bookstart）的世界風潮

　　在各種有助於寶寶大腦發展的刺激裡，最便利與直接的途徑就是拿起書本和寶寶共讀了，研究結果發現：比起日常跟寶寶說

話，親子共讀能夠提供更好的詞彙質量，也能夠藉由書本串連寶寶的新舊經驗，提供更多的大腦刺激。因為嬰幼兒早期閱讀受到關注與重視，「0 歲閱讀起步走」（Bookstart）也成為世界嬰幼兒教養的重要趨勢，1992 年，英國伯明罕大學結合圖書館及醫院共同合作，進行一項嬰兒閱讀研究計畫，贈書給 300 位嬰幼兒進行親子共讀，並追蹤這些研究對象日後的學習狀況，在 2000 年時發表了進行 8 年的研究報告，參與計畫的寶寶上小學後不但語文程度好，算術及科學能力也明顯優於同儕，同時在表達、溝通、專注力等也顯著優於對照組，證實早期閱讀有助於身心發展，並且有效提升孩子的學習能力，而嬰幼兒早期閱讀需要父母及教養者來引領，這也證實了親子共讀的成效。因此「閱讀起步走」於 2004 年正式成為英國國家政策，對 0-12 個月、12-24 個月以及 3-4 歲三個階段的嬰幼兒贈予書袋，並且向家長解說計畫內容及親子共讀的理念與技巧，現今這個推廣嬰幼兒閱讀的贈書計畫已遍及世界各處。

此外，美國圖書館協會也於 2000 年 5 月推出「從出生就閱讀」（Born to Read）的計畫，呼籲父母念書給嬰幼兒聽，並推廣讓剛滿 1 歲的小讀者來圖書館聽故事的活動，同時也對新生兒照顧者開課，教導他們如何念故事書給嬰兒聽；日本也發起「親子讀書運動」，建議父母每天最少陪孩子共讀 20 分鐘；新加坡政府則是贈予每位新生兒「教出天生書種」的閱讀包，裡面有〈0 歲閱讀起步走〉指南、與嬰幼兒共讀的兒歌讀本等等，讓父母了解嬰幼兒早期閱讀的重要性，從寶寶出生就力行閱讀的實踐。

新加坡的新生兒閱讀包。

🍎 台灣的嬰幼兒「閱讀起步走」

近年來，台灣各縣市也紛紛大力推廣「新生兒閱讀起步走」計畫，發起送「閱讀禮袋」給新生兒的活動，作為迎接寶寶來到世上的溫馨禮物，裡面有繪本、親子共讀指導手冊以及相關的閱讀配備，像是兒謠 CD 或是互動玩具等等，在圖書館、區公所或衛生所、醫院發放，讓新生兒擁有人生的第一本書，並且藉由講座推廣親子共讀的理念與實踐方法，閱讀從 0 歲扎根。不只是贈書給新生兒，也關心嬰幼兒閱讀日常的實踐，例如：台南市的新生兒不只可以領到閱讀禮袋，為寶寶辦圖書證的家長，在寶寶 0-5 歲期間，每年都可以參加領取適齡閱讀禮袋的親子共讀講座及活動。因此，現代的父母除了將寶寶的肚子餵飽飽，也不要忽略以閱讀來提供寶寶腦部的食糧，這是寶寶最初的終身大事，打開書本，啟動大腦的連結，掌握刺激腦力的先機，這是遇見世界的美好開始，也預約無限可能的未來。

台南市政府 2015 年新生兒閱讀禮袋。

台南市 0-5 歲的閱讀禮袋，內有適齡的繪本，陪伴親子共讀日常。

高雄市 2019 年新生兒閱讀禮袋。

註：格林菲爾德（Susan A. Greenfield）著，陳慧雯譯：《大腦小
　　宇宙》（*The Human Brain*），天下文化出版。

Chapter **2**

0歲寶寶閱讀起步走：
開啟寶寶的「悅」讀之門

　　0歲寶寶的早讀不是知識的積累，而是大腦的刺激與閱讀行為的置入，為腦力發展以及日後的學習打造良好的心理素質。

　　上一章提到早期閱讀對嬰幼兒心智發展的助益，然而，更多的質疑是：嬰兒如何閱讀？讀得懂嗎？

　　其實，嬰幼兒「早期閱讀」並不是「提早」讀大孩子的書，也不是「揠苗助長」的行為，如同嬰幼兒從翻身、坐、爬到走都有特定的發展進程，嬰幼兒的早讀即是符合寶寶各階段心智發展特質的閱讀行為，包括適齡讀物的選擇，以及親子共讀的方式與實踐。

多元有趣的0歲寶寶書

　　不識字的嬰兒讀什麼書？以圖像或圖像搭配文字的繪本（picture book，或譯作圖畫書）就是適合這階段寶寶的啟蒙讀物，因為繪本的圖像特質，就能藉由爸爸、媽媽及照護者的聲音

連結書本的視覺感知與生活經驗，從一本書開始遇見世界。

　　同時，出生到滿 1 周歲的嬰兒身體與大腦發展迅速，因此，這個階段的閱讀行為也是統合身體動作、感官知覺和心智發展的綜合活動，因應這樣的屬性，就有了量身打造的適齡讀物，在父母及照護者的引領下，順利展開親子共讀的行動，開始早讀的實踐。

兒歌、童謠繪本

　　研究發現：胎兒在母親懷孕末期已有聽覺反應，並且熟悉母親的聲音，出生後第 1 個月的新生兒視力還未發展完全，看不清楚人臉，主要借助聲音來認知世界。兒歌或童謠是有韻律和節奏的語句，念唱給新生兒聽時，如同胎兒時期聽到母親心跳的律動感，再連結母親熟悉的聲音，適時撫平初到陌生世界的不安情緒，同時也藉由聽覺的傳導給予大腦刺激，提升腦力的發展。因此，世界各國「0 歲閱讀起步走」活動送給新生兒的閱讀禮袋裡，常有兒歌、童謠讀本搭配 CD 或吟唱音頻，可以搭配讀本播放，更好的方法是父母親或照護者聽了以後也能親自念唱給寶寶聽，其中的道理就不言而喻了。

圖卡書

　　新生兒每天平均的睡眠時間可長達 20 個小時，雖然大多數的時間都在睡覺，但是睡醒時會好奇的張大眼睛，探索周遭環境，此時視力發展尚未完全，大概只能看見眼前 20 公分左右的模糊影像，也還未能知覺與分辨多種色彩，對於黑白對比的圖案

反而較有感知，這時，可以運用為新生兒設計的「圖卡書」促進視神經與大腦的發展。這類的圖卡書通常是一張張黑白對比鮮明且圖案簡單的圖卡，可以黏貼或掛在寶寶的床邊及作息環境裡，吸引寶寶的注意，或是拿起圖卡在新生兒眼前晃動，刺激視神經經的發展，也可以同時念出圖卡上的物體名稱，給予聽覺刺激。

　　出生 1-2 個月以後，寶寶醒著的時間變長，眼睛漸漸看得更清楚，眼球控制的能力也大大提升，對於周遭的人或物更感興趣，聽到聲音時會搖晃身體，張大眼睛探索這個奇妙的世界，這時可以漸漸加入彩色的多樣圖卡。臨床實驗發現：寶寶大約 2-3 個月時，若黑白及彩色圖卡同時出現，會比較注意彩色的圖卡，3 個月以後，雙眼可以固定注視同一個物體，追視能力逐漸出現，對於顏色與物體形狀概念也開始建立，會注視物體，想伸手觸摸或抓取，這時的圖卡書也能提供此階段寶寶身心發展的需求，吸引寶寶注意及伸手抓取，刺激視神經以及小肌肉的發展。

針對嬰兒視覺發展研發的圖卡書，線條簡單而且對比鮮明的黑白到彩色圖形，刺激視神經的發展。

　　（《0 歲 baby 視覺圖卡：Smile 篇》，作者：小時報編輯部，時報文化）

布書／布偶書

　　小嬰兒喜歡以本能來探觸周遭環境，隨著寶寶漸漸長大，除了抓取物品，還會有啃咬、丟擲等等各種行為。通常拿書、翻書的閱讀行為必須經由學習才能逐漸習得，所以小嬰兒啃書、拍打或丟擲書本這些在大人看來像是蹂躪書本的行為，其實正是寶寶開始接觸書本的好奇探索，這種行為往往會讓父母誤以為寶寶對書本不感興趣，其實這反倒是寶寶對於感興趣的事物進行的探索，也算是閱讀行為的啟蒙。越早接觸書本的寶寶對於書本的印象就像是一般生活用品，隨時會出現在身邊，也養成親近書本的習慣。用布裁製的「寶寶書」能夠因應寶寶這階段抓、握、揉捏的探觸，耐舔、耐啃、撕不破，髒了又可以洗一洗，是此時讀物的好選擇，無論是寶寶自行抓握把玩或是父母抱著寶寶共讀都很適合又安全。

　　若將布書外型做成布偶形狀的書，或是加入布偶在其中，出現在故事裡，可以抱、可以咬，如同喜愛的布偶一樣，容易貼近寶寶的心，加上背帶做成小背包還可以背出門，和寶寶一起遊玩去，隨時可以說故事，更讓寶寶愛不釋手。

柔軟安全的布書，搭配小布偶，可供寶寶探觸把玩：睡覺時間到了，小企鵝對著鏡子刷刷牙，從櫃子裡拿出睡帽！這睡帽真的可以戴上喔！再來找找小毯毯，晚安，小企鵝。

（《小企鵝，睡覺咯！》，作者：麗莎・桑其斯（Lisa Sanchis），時報文化）

塑膠書

　　同樣耐咬耐撕還不怕水的塑膠書，像布書一樣可以讓寶寶隨意抓拿、咬、啃、壓擠，也能夠浮在水上，和寶寶一起快樂洗澡。

耐咬耐撕不怕水的塑膠書，陪伴寶寶快樂的洗澡時光。
（《是誰在浴缸裡？》，作者：Tangerine Designs Ltd，上人文化）

硬頁紙板書

　　全書以厚紙板材質製成，耐撕、耐咬也耐啃，安全堅固，還在書頁邊緣去掉銳角的導圓角設計，不會割傷寶寶稚嫩的皮膚。雖然硬頁紙板書已有「書」的樣貌，但小嬰兒還是無法區別「書」與一般物品或玩具的不同，他們拿起書本後的動作多半不會如成人一樣的翻閱，而是舔、啃、咬，或是敲打、摔、翻拍書等等本能探索，不同於一般的紙頁書，以免寶寶還沒開始讀，就已面目全非了，這也是為小寶寶量身打造的書本設計。

　　同時，這適合小寶寶的厚紙板書也常以小開本呈現，方便小手抓、握，嘗試翻頁，也能促進小肌肉功能的發展。

硬頁紙板書，寶寶又咬又撕也不怕，加上導圓角設計，也不怕刮傷稚嫩的肌膚。
（《我愛吃水果》，作者：娜塔莉·舒（Nathalie Choux），譯者：賴美伶，上人文化）

材質書／洞洞書／拉拉書／翻翻書／音效書／手套書

5 到 6 個月的寶寶喜歡抓握物品，也會嘗試伸手拿取感興趣的物件，對於好奇的東西就往嘴巴裡塞或用手拍打探索，對於書本也是如此，配合嬰兒的身心發展，前述的硬頁紙板書或布書也設計了多樣的探索功能，很能吸引小寶寶的興趣，例如將棉花、砂紙或絨毛等不同材質安置於書頁中的材質書，可以摸一摸，感受不同的觸覺；或是書中挖個洞，小指頭伸進洞裡挖一挖，或是可以拉一拉、翻一翻的操作設計……。還有色彩鮮艷、造型可愛的手套書可以套在手上，手指頭上的造型搭配掌中小書裡的角色或物品，為寶寶說故事時，搭配情節動一動手指，吸引寶寶的目光與注意力。又如翻開書頁按到特定區塊時會聽到各種動物叫聲或音樂的「有聲書」，許多小寶寶都很愛一次又一次的把玩這樣

的音效書呢！共讀時也可以隨著書中各式聲音，配合語調變化，跟寶寶一起咿咿呀呀唱歌說話。

在共讀時可以運用這些操作的功能，帶著寶寶與書中的情節互動，隨時進行有趣的閱讀大探險，也能滿足寶寶動手操作和探索的樂趣。

洞洞書

（《毛毛蟲吃什麼呢？》，作者：La Coccinella Srl，譯者：方素珍，上人文化）

翻開書頁或按到特定區塊時會聽到各種動物叫聲或音樂的「有聲書」，許多小寶寶都很愛一次又一次的把玩呢！

（《DK 驚奇翻翻有聲書：汪汪！汪汪！》，作者：道恩‧西里特（Dawn Sirett），譯者：賴美伶，上人文化）

玩具書

　　8 個月大的寶寶已經會玩玩具了，如果對書本仍然不感興趣，就結合具體的玩具來借力使力吧！坊間有許多結合玩具功能的書本，例如：與卡車結合的玩具書，不只可以當卡車玩，還有書本裡的故事與更多車子的認識與陪伴，是不是更可以討寶寶的歡心呢？遊戲的玩興讓閱讀的快樂不停歇！

（《好忙的卡車》，作者：Beck Ward，譯者：李永怡，上人文化）

🍎 0 歲寶寶書的特性

　　為小嬰兒量身打造的適齡讀物除了上述多元有趣的樣貌，還要裝訂牢固、印刷清晰，並且顏料塗層通過無毒檢驗，符合安全玩具標章規範的基本要求，在內容上也有以下的特性，才能吸引寶寶的興趣，並且也呼應這階段小寶寶的認知發展。

熟悉的圖像搭配簡單的文字

　　書中的圖畫是 0 歲寶寶閱讀時的認知途徑，最好能夠呼應生活，順利連結大腦已有的先備經驗，像是蔬菜、水果、動植物、

玩具、交通工具、人物等圖像，搭配簡單的語彙，指著圖片對寶寶說出物件的名稱，從圖片與聲音的連結，逐漸建立大腦的認知網絡，也積累寶寶日後說話的語彙。

（《啵啵妮，這是什麼東西？》作者：小時報編輯部，時報文化）

顏色鮮明、線條簡潔的圖畫表現

由於小嬰兒還未形成生活裡主客體經驗的視覺慣性，細膩或繁複的圖案就顯得複雜而難懂了，因此，這時期的選書在畫面上宜顏色鮮明，圖案大、輪廓簡潔明瞭，符合寶寶的認知能力，看圖識物更容易，也才能引起寶寶的注意，產生閱讀探索的動機。

寶寶書的視覺呈現宜簡潔清楚。

（《當你出生的時候》，作者：艾瑪・達德（Emma Dodd），譯者：李貞慧，時報文化，圖片來源：https://www.books.com.tw/products/0010891257？sloc=main）

內容不多、頁數少

常常看到大人買嬰幼兒衣服時想買大件一點，認為這樣可以穿得比較久，買書時也想選擇字數多一點、書頁厚一點的，然而，如同大件的衣服容易影響孩子的行動，若為小嬰兒買大孩子讀的書，由於寶寶的心智發展尚未到位，往往因為不懂而興趣缺缺；同時，小嬰兒專注於特定事物的時間短暫，因此，這個階段的寶寶書頁數不宜過多，內容也避免過於繁複，以符合小嬰兒的認知能力以及專注力不長的特質，讓小寶寶喜歡隨手把玩或翻閱。

從上述可知：0歲寶寶在閱讀初始時期，書本的特質如同玩具一樣，藉由多樣有趣的設計，吸引寶寶的興趣，滿足好奇的探索，並且把書當玩具玩，樂於親近，發現無限的驚奇與樂趣。除了前文的寶寶書示例，坊間還有各式各樣好玩、有趣的寶寶書，家長有了這樣的概念後，就可以進一步去探尋，在這樣閱讀行為的建置裡，閱讀就像吃飯、睡覺、玩樂一樣，自然融入日常中，成為生活的一部分。因此，「早期閱讀」不是提早讀大小孩的書，也不是立即汲取大量知識的途徑，這是一輩子的事，「早讀」是大腦的刺激與閱讀行為的置入記憶，為腦力的發展以及日後的學習打造良好的心理素質。

🍎 與小嬰兒共讀

選好適齡讀物以後，就和小寶寶徜徉在快樂的閱讀天地裡

吧！新生兒初探這個世界，充滿好奇，卻也對陌生的環境缺乏安全感，而父母或照顧者的聲音與懷抱能夠安定寶寶的情緒，感受被關照的愛和安全感。這時，可以常常抱著寶寶，對寶寶說話，幫寶寶換尿布或洗澡等日常照護、喝完奶後快樂飽足或是準備睡覺時，也可以輕輕拉著寶寶的身體搖擺或按摩，同時念唱兒歌，動動手指頭的伸縮，唱著「大拇哥、二拇弟……」的手指謠，或者拿起圖卡書，說一說圖片裡有什麼。當寶寶對圖片或聲調咿咿呀呀有反應時，及時給予鼓勵與讚美。這樣的共讀可以促進寶寶的視神經及心智發展，同時也有助於肢體的發育。

寶寶 3 個月大時，脖子漸漸可以支撐身體了，這時父母或照顧者可以逐漸運用上述豐富多元的適齡讀物，與寶寶共讀，適時變化聲調和音量，加入表情和肢體動作，吸引此時專注力不長的寶寶；或是仿照書上圖片的動作，與寶寶互動，例如指著書裡的水果畫面說：「這是蘋——果。」逐漸拓展語彙：「這是——紅色的——蘋果。」再加上吃蘋果的動作，刺激大腦認知功能和語言發展，並且運用書本如玩具一樣的特質，跟寶寶一起玩故事遊戲，讓寶寶從玩興裡感受閱讀的愉悅，並且漸漸發現：當爸爸媽媽將他抱在懷裡，打開書本對他說話，這樣的愛與安全感讓「書」產生了特殊的意義，建立與書本的親密聯繫，也歡喜期待共讀的時光，書本概念也就此萌芽，開啟一生的「悅讀之門」。

如果從新生兒時期就進行書中建議的共讀實踐，那麼小嬰兒在 3 個月時就會對書本有印象，5 到 6 個月的小寶寶喜歡抓握物品，對於好奇的東西往嘴裡塞，對於書本也是如此，這時會嘗試

拿書，啃咬書本，也會注意到書上的圖案，並用手拍打探索，習慣生活裡有書本出現，到了 6、7 個月大時，小嬰兒已經能坐穩，同時也漸漸發展出手眼協調的能力，可以有目的地抓取物品，也會把玩書本；7 個月時小寶寶雖然還不會說話，但會發出一連串的咿呀聲回應書中的內容；8 到 9 個月大的寶寶能爬行前進，會往目光所及的空間或目標移動，拿取環境中吸引他的玩具、物品，當然也包括他愛看的書，有模有樣的學著大人拿起書本不會拿反，9 個月大的寶寶也會在大人的幫助下，一手固定書本，一手運用簡單的手指動作，以指腹撥動硬頁紙板書的邊緣來自己翻開書頁，10 個月左右的寶寶可以扶著東西站立，對環境的好奇與探索興趣更濃厚，若此時已經養成閱讀的習慣，就會主動拿書給爸爸媽媽，想要一起共讀，或是已經可以自己靜靜的看書了。

由上可知，從共讀引領寶寶親近書本，開始對書的探索，漸漸的能夠如同成人一樣閱讀，這些閱讀行為的進程與此階段的認知及肢體動作發展息息相關，如果能夠依循著這樣的實踐，9 到 10 個月大的寶寶就能漸漸統整視覺、聽覺以及觸覺等各種知覺，逐漸發展出「類別化」的能力，也就是不斷的將看到、接觸到的各種物體的特徵在大腦做分類，藉以輔助辨視陌生事物，並且累積語彙，對於 1 歲以後的語言發展與認知能力有著關鍵性的影響。

🍎 親子共讀，預約寶寶愛與希望的未來

美國心理學家大衛・懷特博士（Dr. David Weikart）研究發

現：嬰兒在出生後的 7 個月之內，如果能做到下面三項教育，對於孩子的一生有決定性的影響：

一、在 7 個月大以前，知道有人愛他。

二、學會看、聽以及翻身等簡單的動作，並將附近的物品移到自己的身邊。

三、保護孩子天生的好奇心，並鼓勵他探索。

剛出生的小嬰兒來到全然陌生的世界，對於周遭的一切充滿好奇，此時愛的呵護可以建立寶寶的安全感，因為共讀時親切的言語和溫暖的懷抱，寶寶感受到有人疼愛，更有勇氣展開對這陌生世界的好奇探索，強化了嬰兒時期各種身心發展的刺激，並且在一步步的探索裡儲備自信，這些早期的經驗儲存於生命底蘊裡，成就了日後人生夢想的追尋與行動力。同時，共讀時聽、看、拿取書本的行為也能夠強化上述第二項的身心發展，各種適齡圖畫書也能引起寶寶的興趣，啟動好奇心，從書本開始探索這浩瀚的世界。

曾經在我的講座裡有一位媽媽分享這樣的經驗：她每天抱著香甜的小嬰兒共讀，別人笑她白費力氣或操之過急，說是小小孩哪能聽得懂啊！但她還是打開圖畫書，指著書中的圖，說著書中的故事，她邊說邊聽著寶寶咿咿呀呀的反應，相信孩子是與她互動的。有一天，當她重複念著書中「蟲蟲在哪裡？」寶寶竟然伸出手來指著書上的蟲蟲。她發現書本、孩子和她已經產生了奇妙

的連結，孩子藉由閱讀，也展開和世界的對話。

　　就從這充滿玩興的寶寶書開始，藉由愛與溫暖的安全感接引，從一字一句的共讀，開始一生豐美的閱讀旅程。

Chapter 3

學步兒（1-2 歲）的閱讀天地：
讓書本陪伴寶寶快樂成長

　　拿起書本和學步兒共讀，讓寶寶聽著你念，漸漸會跟著說，掌握這學步兒語言爆發的關鍵時期，累積豐富的詞彙，為寶寶的成長與日後的學習奠立良好的基礎。

　　從小嬰兒到學步兒時期，寶寶已逐漸會站立、行走，能夠任意移動身體，探索周遭的環境。若從嬰兒期就已親近書本，這時更會隨著自身喜好，靈活拿取及翻閱書本，同時，從 10 到 14 個月之間說出「媽媽」、「爸爸」等第一個有意義的語詞開始，接續說出生活中慣用的語詞，像是：「哥哥」、「車車」、「ㄋㄟ ㄋㄟ」等親近的人或是喜歡的物品等等。大約 1 歲半左右會迅速增加詞彙，並且開始將詞語組合，逐漸發展成句子，這是小寶寶語言發展的黃金時期，也是 2 歲時語彙爆發期的基礎。呼應此階段的認知發展以及語言學習，這時的適齡讀物有了更多樣的內容與故事元素，也發展更多詞句的認識與活用，滿足更豐富的學習探索，接著就來看一看學步兒階段選書的建議，接續嬰兒時期的閱讀時光。

重複／節奏

如同兒歌對於嬰兒時期的助益，學步兒時期的繪本也常見到從簡易兒歌發展重複句式的手法，也即是因應不同頁面的情景，以同樣的句型變化各式語彙，作為各種情境的表達，例如：這本《世界上最棒的媽媽》，藉由「我媽媽是世界最好上的媽媽，因為……」發展一頁頁的內容，像是：

我媽媽是世界上最好的媽媽，因為……她喜歡我做的料理（蝸牛和樹葉）、我媽媽是世界上最好的媽媽，因為她真的很勇敢（什麼蟲蟲都不怕）、我媽媽是世界上最好的媽媽，因為她會讓痛痛飛走……

在親子共讀時，寶寶反覆的聽，逐漸熟悉了書中的句式，並跟著在句式節奏裡琅琅誦讀，漸漸的可以應用在生活相同情境出現時靈活的表達，有助於語言的發展。

（《世界上最棒的媽媽》，作者：派翠西亞・查普曼（Patricia Chapman），繪者：凱特・查普曼（Cat Chapman），譯者：蘇懿禎，時報文化，圖片來源：https://www.books.com.tw/products/0010759223？sloc=main）

同時，這個階段的寶寶也常常要求大人一而再，再而三的講同一個故事或讀同一本繪本，反覆的聽，這時，書中的重複句式，可以滿足寶寶這樣的安全感需求，也從陌生逐漸熟悉的詞句裡，培養閱讀的自信，更願意親近書本。

大量擬聲詞的運用

因為學步兒識字量不多，生活經驗尚少，所以這時期的讀物常常需要適時加入擬聲詞，也就是直接描述各種聲音的語詞，像是小狗「汪汪」、貓咪「喵喵」的叫聲，如同加入音效一樣，適時吸引幼兒維持不久的注意力，也增添了共讀的趣味，並且可以輔助幼兒理解書中的內容。帶著寶寶共讀時，就大聲的把擬聲詞讀出來吧！再加入動作及手勢，配合擬聲詞的音效，簡單的故事因而生動有趣，小寶寶一定會愛上這樣的共讀時光。

擬人化

幼兒社會經驗不多，對於周遭事物充滿新鮮感，帶著好奇的眼光逐一探索，為了讓幼兒認識生活周遭看似陌生的景物，在幼兒的圖畫書裡常將動植物或用品擬人化，配合可愛、有趣的造型，並運用幼兒懂得的淺顯語彙，如同親愛的家人一樣和他說話，成為寶寶的好朋友，在美善的童趣裡認知學習。

（《我和你和他和她：快樂的一家》，作者：莉莉‧拉洪潔（Lilli L´Arronge），譯者：黃筱茵，時報文化，圖片來源：https://www.books.com.tw/products/0010793949？sloc=main）

操作的玩興

　　如同嬰兒時期的繪本像玩具一樣，吸引寶寶的玩興。學步兒時期的讀物也可以接續這樣操作探觸的特性，同時關照認知發展與身體的成長。

隨繪本附贈的每個小積木上有生活及書裡物品、人物、動物的六面圖案，聽完故事的寶寶可以拿取把玩，隨意組合，創造更多的故事。
（《數一數，找一找》，作者：黃沛瑩，繪者：郭于菁，科寶文化）

愛與溫暖的需求

因為幼兒的早讀由親子共讀來實踐，因此寶寶繪本裡常有親子親密互動的溫馨情節，寶寶聽著溫柔撫慰的聲音，徜徉在溫暖的懷抱裡，感受書裡愛與溫暖的情境，這樣的閱讀，哪個寶寶不愛呢？

（《當你出生的時候》，作者：艾瑪・達德（Emma Dodd），譯者：李貞慧，時報文化，圖片來源：https：//www.books.com.tw/products/0010891257？sloc=main）

🍎 學步兒的共讀時光

嬰幼兒是大腦成長最迅速的時期，對周遭環境好奇、充滿想像力、求知慾旺盛，同時喜歡模仿成人的行為，為人父母者，應該好好把握這些特質，與孩子共讀，建置孩子的閱讀行為，培養閱讀的興趣。

1 歲到 2 歲學走的寶寶若喜歡書本，會自己主動拿書來翻閱，或是請爸爸媽媽和他一起共讀。研究報告也發現：嬰幼兒在

聽覺上的語音感知，將使書面文字的認知更順利。但此時的寶寶專注力不長、容易分心，和這個時期的寶寶共讀時，可以加重語氣和戲劇效果來讀，配合書本內容變換各種聲音表情，並呼應書中的情境，適時加上肢體動作，像是吃飯、睡覺、再見等手勢，有助語句的理解，或是運用互動遊戲的方式來說故事，在身體、眼神接觸以及豐富的聲音表情裡，吸引寶寶的注意，讓閱讀過程更為多元、活潑、有趣。這樣愉悅的共讀時光，將能涵養寶寶閱讀的興趣，逐漸養成閱讀習慣，同時，寶寶聽著你念，漸漸會跟著說，掌握了學步兒語彙增加的關鍵時期，逐漸積累豐富的詞彙，並且讓大腦內的不同功能區域有較多的連結，活化寶寶的心智發展。

若根據父母自己小時候的經驗，幾乎沒有想過 1、2 歲的幼兒可以讀書，然而，曾經有一位媽媽分享：從女兒小嬰兒時期就開始共讀，有一天早上醒來時，竟然發現 1.8 個月的女兒在她的嬰兒床裡看著書喃喃自語，為自己說故事，優遊在閱讀天地裡，原來親子共讀已經悄悄建置了女兒的自主閱讀行動。

閱讀連結到什麼往往是一個人日後喜不喜愛閱讀的關鍵，如同許多大人不愛閱讀即是因為閱讀與考試連結在一起，想到閱讀就想到成績與分數的壓力，所以不喜歡閱讀。但是把寶寶抱在懷裡，透過翻書、看圖、說話、肢體互動，寶寶漸漸覺得書是可以翻開的東西，翻開書本時，會看到好多吸引我的圖，爸爸媽媽會跟我說話，還會抱我、親親我、和我一起玩，建立與書愉悅的連結，這樣有趣又溫暖的快樂共讀時光，將培養學步兒的閱讀興趣

與習慣，一步一步走入閱讀的天地，打開書也遇見世界，在閱讀裡快樂成長。

Chapter 4

幼兒期的關鍵成長力：
閱讀調配的心智成長祕方

2 歲以後幼兒的適齡繪本有更豐富的故事樣態，吸引寶寶的閱讀興趣，也呼應此時的認知和語彙發展，然而，更重要的是這個成長階段的關鍵學習，也就是幼兒特定能力優勢發展的黃金時期。

隨著寶寶的心智成長與生活經驗的積累，2 歲的幼兒會說更多的語彙，語句逐漸變長、也會運用更多樣的句型來說話，口語內容也越來越豐富，這時進入認知發展理論所謂的「前運思期」，會發展簡單的因果關係。接近 3 歲時，好奇心與求知慾更為強烈，喜歡問「為什麼」。3-5 歲的幼兒已能藉由簡單的邏輯概念，認知書中每一頁彼此的關聯，理解故事情節的發展順序，看書時也會逐頁翻閱。因此，2 歲以後的幼兒適齡繪本有更豐富的故事樣態，吸引寶寶的閱讀興趣，也呼應此時的認知和語彙發展，然而，更重要的是，這個成長階段的關鍵學習，也就是幼兒特定能力優勢發展的黃金時期，父母必須認識此時幼兒的重要發展，藉以選擇適合的讀物，輔助幼兒順利成長。

想像力的揮灑

幼兒階段是想像力發展最蓬勃的時期，隨著生活圈漸漸擴大，對周遭陌生的事物更感好奇，常常天馬行空自編故事，相對於逐漸被生活慣性制約的學齡兒童，幼兒更有想像力揮灑的空間。科學家愛因斯坦曾說：「想像力比知識重要。」因為意念發想是知識起源的契機，才有後續不斷嘗試與探索的目標與發展歷程，而想像力是意念從無到有的發想源頭，也是解決問題的創造潛能，這更是現今孩子面對瞬息萬變時代的必要配備。

然而，在這個想像力最為活躍的幼兒時期，教養者卻常常急於給予所謂「有用」的知識，忽略這看似無用卻珍貴的想像力。曾經多次在圖書館裡看到許多親子在看書借書，吸引幼兒的往往都是馳騁想像力的封面圖像，彷彿拿起書就要開始一場心靈的豐富旅程，但是父母卻常以大孩子看的知識類圖書來替代，因為對於許多父母而言，知識的獲取才是在學習。然而，這非適齡的知識類書籍常常因為幼兒心智發展未到位，讀不懂而受挫，甚至搞壞閱讀胃口而失去興趣，同時，許多學齡學童的老師和家長常常感嘆孩子創造力薄弱，沒有想法，殊不知想像力是創造力的基石，而為幼兒量身打造的繪本卻可以滋養幼兒的想像力。因為幼兒繪本在題材、主題上往往充滿著各種奇思異想，藉由故事創意與圖像表現，啟發孩子豐富的想像力。例如：這本《我不是普通的棉花糖》，在這個故事裡，大多數的棉花糖都過著既定而單調的生活，甚至從來沒想過自己能做些什麼，但是有著豐富想像力

的棉花糖，啟動了遠大夢想的發想，發現自己不凡的價值，創造了豐美的生命。

（《我不是普通的棉花糖》，作者：若波特・沃特金斯（Rowboat Watkins），譯者：李貞慧，時報文化，圖片來源：https://www.books.com.tw/products/0010853971?sloc=main）

　　就讓閱讀世界裡瑰奇的想像開啟孩子浩瀚的視野，看見自己以及世界無限的可能，這是創造力的滋養，是醞釀夢想的美好起始，也是支援各種思考與創意成形與實現的無限可能。

🍎 培養良好的生活習慣

　　好行為逐漸養成好習慣，幼兒時期正是形塑各種生活行為，進而培養好習慣的關鍵時期，因此，幼兒閱讀的主題常有各種生活的學習，喜歡模仿的幼兒從故事裡角色的言行舉止潛移默化，在生活裡效法與實踐。

　　各種幼兒繪本裡涵蓋吃飯、睡覺、洗澡、上廁所、刷牙、穿衣等等好習慣的養成，比起父母不厭其煩的耳提面命，故事裡的生動情節可以發揮學習遷移的成效，例如：這本《豬豬髒兮兮》，

巴戈狗豬豬脾氣壞又沒禮貌，還喜歡弄得全身髒兮兮，又不愛洗澡，東躲西逃，搞得一團亂，最後這隻又髒又臭的老狗，為什麼願意洗澡了呢？就從故事的潛移默化，讓小寶寶自然而然培養良好的生活習慣。

（《豬豬髒兮兮》，作者：艾倫・布雷比（Aaron Blabey），譯者：黃筱茵，時報文化，圖片來源：https：//www.books.com.tw/products/0010852371？sloc=main）

🍎 品格教育

　　和良好的生活習慣一樣，「品格教育」也是幼兒時期的重要滋養，所謂「德為成人之本」，若缺乏良善，聰明才智也可能成為罪惡的溫床。品格教育不是教條或口號，而是從內到外如一的善念與善行，是四下無人時的良善思想與作為，和孩子共讀，在人生的起始，認識良善、喜愛良善、做出良善，讓書裡的善念引領善行，在故事裡找到行為的典範，因著正念的滋養與故事的典範，以品格作為生命的沃土，在小小心靈埋下善念的種子，日後即能長成正直茁壯的大樹。

　　品格教育是個通詞，包括誠實、友善、勇氣、關懷、正直、助人……等各個德目，藉由每本繪本一個或含括數個上述的主題，涵養孩子的好品格。例如：繪本《膽小的狐狸》，書中的狐狸勇敢做自己，以良善的力量，改變了整個森林，浸濡其中的小讀者也從而在故事的正向善念及勇氣裡潛移默化。記得兒子小學時社會科考試，回家後對我說：「為什麼這個還要考啊！這不是生而為人就應該知道的事嗎？」孩子所說的：「生而為人就應該知道的事」來自幼兒時期閱讀的滋養，不是教科書上的教條馴化，而是繪本故事的感化，因此，幼兒讀繪本減輕了父母教養的負擔，在人生還像一張白紙的幼兒時期，給予正向的滋養，知道何者該行，何者不該為，父母就不須為日後矯正孩子層出不窮的偏差行為傷腦筋，教養就會越來越輕鬆。

（《膽小的狐狸》，作者：曼努娜・莫拿里（Manuela Monari），繪者：艾芙琳・達比迪（Evelyn Daviddi），譯者：邱孟嫻，時報文化，圖片來源：https：//www.books.com.tw/products/0010698975？sloc=main）

情感教育

現今幼兒發展理論認為：幼兒情感教育是兒童身心健康的基礎，因為情緒影響幼兒的自我意象與對應外界環境的方式，更直接反映在幼兒的行為表現上，近年來在幼兒學習議題上倍受重視。整體而言，情感教育包括認識各種情緒，進而可以覺察情緒，適切表達情感、情緒調控與紓解，並且認知與同理他人的情緒，建立良好的人際關係等等，這雖然也是一輩子的功課，但是情緒的抒發、情感關係的建立對幼兒的健全心理發展也十分重要，家長卻常常忽視幼兒情感教育的重要性，認為孩子哭鬧是因為還小不懂事，或是對於孩子的負面情緒，像是耐挫力不足、情緒失控等等的脫序行為也常感無能為力，常常以嚇阻的方式來壓制，於是孩子長大後也不知道如何紓解負面的情緒，影響人際關係及社會行為。

以情感教育為題材的幼兒繪本依照幼兒的認知能力量身打造，貼近幼兒的心理及生活方式，藉由故事的同理，在生動的故事裡認識各種情緒，並且學習紓解負面情緒，涵養良好情緒，培養樂觀的生活態度，進而產生建設性的改造行為。

以這本繪本《別忘了你的暴龍！》為例，有一天恐龍德克斯特被主人遺忘在候診室中，他等著小主人回來找他，過了很久，還是不見小主人回來，於是產生了焦慮、恐懼，孤獨等等情緒。從書中恐龍的處境感同身受，與書中的各種情緒產生共鳴，從中認識各種情緒，覺察情緒是如何產生的，並學習如何解決問題、

紓解情緒，這樣的書本不只是孩子成長的好幫手，也給予大人教養的啟發。

（《別忘了你的暴龍！》，作者：琳賽‧華德（Lindsay Ward），譯者：萬容均，時報文化，圖片來源：https：//www.books.com.tw/products/0010851182？sloc=main）

🍎 培養專注力、觀察力與記憶力等學習能力

　　知識學習是一輩子的事，對於幼兒而言，重要的不是急於知識灌輸，除了學習興趣，還有學習先備能力的養成，像是專注力、觀察力、記憶力等。注意力無法集中的孩子，常常在學習時分心，成效有限；而缺乏觀察力與記憶力的學習也往往淺薄不生根。有趣的繪本能夠涵養閱讀的興趣，精彩的故事及生動的圖像吸引孩子走入故事情境裡，不覺時間的流逝，從中也培養了專注力。除了閱讀行為本身對於前述能力養成的助益，許多為幼兒量身打造的繪本也聚焦在觀察力、專注力以及記憶力的學習，例如：這本《阿福在哪裡？》，故事裡的阿福是動物園裡的可愛貓

熊，今天頑皮的阿福決定逃出動物園，出發去探險！小朋友一起來找一找阿福去哪裡了，書裡的每一頁好像都藏有「阿福」的蹤跡，乍看以為找到阿福了，其實是貓熊氣球、貓熊背包、貓熊玩偶，或者是貓熊裝⋯⋯到底阿福在哪裡呢？每個頁面都有特意安排的小細節，有待小朋友睜大眼睛仔細觀察！聰明的寶寶找到阿福了嗎？在這樣與書本互動的玩興裡，可以訓練寶寶的記憶力、專注力、觀察力等等，為日後的學習奠立良好的基礎。

（《阿福在哪裡？（你有沒有看到這頭熊？）》，作者：史蒂芬・蘭頓（Steven Lenton），譯者：謝靜雯，時報文化，圖片來源：https://www.books.com.tw/products/0010848977?sloc=main）

🍎 智能開發

　　許多家長在意孩子的學業表現，急著在幼兒時期買來練習本，讓幼兒練習寫字或寫數字，然而因為此時幼兒的小肌肉發展未健全，寫起字來不但吃力，也因為這樣的操練只是文字與數字「形」的記憶，並沒有意義上的連結，因而缺乏興趣。文字或數

字是學習的工具與媒介，更重要的是如何運用這些工具來展開深廣的學習。因此，常常見到學齡學童很會演算數字，卻因為無法理解數學題目的敘述而未能列出算式，空會演算也徒勞無功，或是背了許多好詞佳句，寫作時卻一個字也寫不出來。幼兒時期與其操練文字與數字的習寫，不如先建立數學及語文的基礎認知，疏通已知與未知連結的理解途徑，建構大腦的認知網絡，智力升級，聰明領先。

　　幼兒的適齡繪本以幼兒能夠理解的語彙搭配生動圖畫，說著一個個有趣的故事，能夠引起幼兒的興趣，並且提供文字與數字的活用情境。例如：將數字融入在故事情境裡，像是：爸爸給了美華 1 顆糖果，奶奶給了 3 塊餅乾……，同時，在語文學習上，不但可以大量的汲取新語詞，也能啟動腦中先備經驗和已知語彙的讀取與活用，在活學活用裡舉一反三、觸類旁通。

　　例如這本《今天，我們來說故事：走進故事小徑，創造一個故事》，書中沒有既定的故事內容，而是透過書裡圖像如迷宮的路徑，讓孩子決定要走哪條路，並且觀察圖畫裡的角色、物件以及動作、行為等等元素來發想故事，例如：遇到什麼人？要去哪裡？做了或發生哪些事？接續頁面發展故事的情節，串連出生動有趣的故事，並且可以一再地重新發展各式各樣的故事組合，創造故事的無限可能。這時，不只是大人說故事給孩子聽，孩子也可以說故事給大人聽，在大人的陪伴與傾聽裡，孩子透過故事情境發展文字與數字的認知，啟動創造力與表達力，在這樣的智能開發裡，不但有助於現階段幼兒的口語表達能力，也為日後的學

習奠立穩健的基礎。

（《今天，我們來說故事：走進故事小徑，創造一個故事》，作者：凱特‧貝克（Kate Baker），繪者：馬達琳娜‧馬杜索（Madalenna Matoso），譯者：林怡安，時報文化，圖片來源：https://www.books.com.tw/products/0010824097？sloc=main）

🍎 知識啟蒙

　　比起知識灌輸，幼兒時期更重要的是知識的啟蒙，因為知識的學習永無止境，在幼兒知識萌芽的此時，觸動學習的好奇心，涵養學習的動機與自主學習的行為，為日後浩瀚的知識學習奠立良好的底蘊。

　　為幼兒量身打造的知識繪本有圖像、圖解或是生動的故事引領，不論是數學、科學、自然、社會、藝術等知識學習，都像旅行或探險一樣有趣，也配合幼兒的認知能力，淺顯易懂，而非父母眼中文字較多的學齡兒童讀物提早閱讀。以這本《給我一點太空！》為例，跟著從小就夢想成為太空人的烏娜上太空，探索神祕的太陽系。哇！土星有炫目的行星環，金星的平均溫度是

465°C！天王星被硫化氫團團圍繞，散發出臭雞蛋的味道，海王星冷颼颼，平均溫度是-214°C，當然她也發現了一顆閃閃發光的藍色行星，正是我們居住的地球……，在這樣一個有趣生動的故事與探索的無盡想像中，以知其然也知其所以然的知識理解與建構取代填鴨灌輸，相信更能啟動繼續探索宇宙與知識的無限想望，在孩子心中埋下知識的種子，日後長成一棵茂密豐美的智慧之樹。

（《給我一點太空！》作者：菲利浦・邦廷（Philip Bunting），譯者：謝靜雯，時報文化，圖片來源：https：//www.books.com.tw/products/0010888616？sloc=main）

　　2 歲以後的寶寶還是不愛閱讀嗎？或者爸爸媽媽走入書店及圖書館想為寶寶找書閱讀，看到琳瑯滿目的繪本不知如何選擇？在我的教學經驗裡發現：許多家長反映寶寶對於閱讀沒有興趣，常常都是選書的問題，那麼就根據這一章的介紹，選擇為幼兒量身打造的書本吧！適齡的讀物呼應寶寶的認知能力，讀來生動有趣，同時也調配了此時心智成長的必要養分，不要想著孩子立即

就能從書裡攝取廣博的知識，這樣急切的立意往往會左右你的選書導向，容易發生「小」孩穿「大」衣的現象，因為讀不懂而造成寶寶沉重的負擔，或是搞壞閱讀的胃口。就如同本章的書籍選擇指引示例，先了解此時寶寶心智發展的需求與關鍵學習力，選擇適齡讀物，調配寶寶全方位且均衡的成長配方。幼兒時期的閱讀經驗對往後的閱讀興趣、習慣影響深遠，適時提供適合的讀物，吸引寶寶的閱讀興趣，一本讀過一本，逐漸涵養閱讀習慣，也掌握了學習關鍵，協助寶寶快樂成長。

🍎 與幼兒的共讀

將寶寶抱在懷裡或是依偎身旁共讀，從溫暖的肢體接觸接引心靈的親密交流，放慢語速，不要太急切，讓幼兒從容進入書中的情境裡。2 到 3 歲的幼兒已經具備基本的語言表達能力，鼓勵寶寶互動對話，逐漸擴展你和寶寶句子的長度，活化表達能力。同時，這時的寶寶喜歡模仿大人的說話和行為，如果平日有親子共讀的習慣，幼兒也會模仿大人說故事的方式，漸漸複製閱讀的行為，會自己翻書、看書，甚至也會說故事給大人聽。這樣的親子共讀不只父母帶寶寶進行，全家人也都可以參與，不同的共讀對象可以給予孩子更多的發現與不同的刺激。就從繪本有趣的情節、生動的畫面，搭配溫馨愉悅的共讀語言，觸動寶寶的閱讀興趣，滿足此時的好奇探索，促進寶寶的認知發展，從中培養良好的生活習慣，滿足愛與安全的需求，開發智能，啟蒙知識學習，語言表達、想像力、觀察力、專注力、情感及品格教育，還有美

感等等也都得到良好的陶冶，就從這樣的學習底蘊，預約孩子豐美的人生。

Chapter **5**

幼兒的萌發期讀寫力：
啟發孩子一生的學習力

　　幼兒展開小學階段的正式讀寫行為以前，有個「準備期」，也就是隨著嬰幼兒的心智成長，大腦會將收集到的資訊分類處理，例如：字音、字義、文字符碼的認知、語彙收集及應用、發展句型敘事等等，這些儲備稱為「萌發期讀寫力」（emergent literacy），對於日後的讀寫力有著關鍵性的影響。

　　隨著嬰幼兒親子共讀的日常實踐，到了 4-5 歲的幼兒後期，許多家長開始關注幼小銜接的問題，尤其是學習基礎的讀寫能力，因此常見家長在此時即讓幼兒提早學寫字或是讀小學的課程，希望孩子上小學後能夠減少摸索期，立即進入學習的良好狀態，拿到好成績。然而，更常發現因為幼兒小肌肉功能發展還未成熟，往往比小學學童花了更多的時間與精力來寫字，容易感到挫折；同時，幼兒若是對於小學正規的課程感到困難，還未上學就已經失去讀寫的興趣，若是可以順利學習，上小學以後也發現老師教的都是自己學過的，失去新鮮感，上課容易分心，等到老

師教到他之前沒學到的內容時，因為漫不經心的態度，也就無法專注學習了。

🍎 讀寫行為的準備期

那麼如何協助寶寶做好幼小銜接的準備？嬰幼兒從聽懂話語到說出單字，進而能夠流暢表達需求和想法的發展過程，一直是人類學家和嬰幼兒發展專家感興趣的課題。研究發現：幼兒展開小學階段的正式讀寫行為以前，有個「準備期」，大腦會將收集到的資訊分類處理，例如：字音、字義、文字符碼的認知、語彙收集及應用、發展句型敘事等等，這段時期，雖然還看不到讀寫的表象行為，但大腦已積極活躍的準備，我們稱這看不見的能力為「萌發期讀寫力」（emergent literacy）。近 50 年來，學界做了許多研究，一致的發現是：在這個讀寫力萌發時期，親子共讀或團體聽繪本故事對於幼兒日後的讀寫能力有極大的幫助。

1995 年美國人類發展學家 Betty Hart 以及心理學家 Todd R. Risley 兩位博士長期追蹤兒童語言發展的軌跡，發現孩子的智力發展跟他在 3 歲以前聽到的語言多寡呈現正相關的現象，並且將影響至小學三、四年級表達能力和閱讀理解力等學業表現，甚至國高中的學習能力。只要沒有受到造成發展異常的因素干擾，寶寶出生後浸濡在語言的環境中，自然就能發展出口語表達能力，然而不同環境成長的孩子，發展程度卻有所不同。兩位學者的團隊招募到 42 個家庭參加一項研究計畫，依家長的經濟狀況分為專業人士家庭、勞工家庭以及社會補助家庭三個組別，從寶寶 10

個月大開始收集資料，每個月一次兩小時的觀察，計算大人和孩子口語互動的詞彙量。研究結果顯示：孩子 3 歲時，專業人士家庭的孩子會講的語彙約 1,100 個字，勞工家庭的孩子 750 個字，而社會補助家庭的孩子只有 500 個字，而這早期的語言經驗影響了學齡期學童的學習，另 1 個相關研究也顯示：日常生活中，父母平均 1 小時跟嬰兒講 1,500 個字，受過高等教育的父母，平均 1 小時可以講 2,100 字，但知識水準低，或整天愛看電視的父母，1 個小時下來，只跟孩子講約 600 個字而已，如此推算下來，孩子 3 歲時，愛跟孩子說話的父母已經跟孩子講了 4,800 萬個字，而認為寶寶反正聽不懂，不常講話的父母，孩子聽到的大約 1,300 萬個字，相差 3.7 倍，在認知能力上的發展也差了許多，因此，小寶寶語言發展很重要的因素是身邊有一個能多跟寶寶說話的大人。(註一)

這項研究結果也在 2009 年加州大學團隊發表的一篇論文得到證實。研究對象是家中有 2-48 個月寶寶的 275 個家庭，觀察照顧者和孩子之間的語言互動，研究結果也發現：若大人常常和孩子說話，孩子講的語詞會更多，若照顧者同時引導嬰幼兒參與口語互動，嬰幼兒不僅會的詞語量多，未來的學習力以及表達能力和理解力也跟著顯著提高。研究團隊在 10 年後再度召回當年參與研究的個案，這群已經 9-13 歲的孩子接受智商測驗與詞彙量、表達力、理解力等語言發展測驗，再將測驗分數搭配孩子小時候的語言分數一起分析，在 2018 年 10 月發表的追蹤論文發現：寶寶 18-24 個月期間，若照顧者能經常和孩子聊天，除了可以提高

嬰幼兒時期的語言能力，還能影響 9-13 歲時的智商分數和語言測驗分數，打好 10 年後的學習力基礎。所以，孩子的智力跟他在 3 歲以前聽到的語言多寡正相關。（註二）

因此，與其默默的讓寶寶在習字本上寫字，不如多和寶寶說話，更有助於日後的學習發展。因此，照護寶寶不只是「陪」在身邊，家長講越多話對孩子的語言發展更有幫助，能夠互動說話的成效更好，平常和孩子相處時，任何零碎時間都可以和孩子聊天，一來一往與孩子互動。

那麼，父母究竟應該和寶寶說些什麼話，以提供豐富的口語內容，積累更多的詞彙呢？家長也會發現：平常和寶寶說話常常只是一些慣性的生活用語，語彙量有限，扣除半日掛在嘴邊的「把飯吃完」、「快去洗澡」、「快去睡覺」……這種例行公事的句子，寶寶接收的詞彙就更少了，而孩子學說話都是從模仿大人開始的，如果大人詞彙貧乏，孩子在成長環境中就吸收不到豐富的詞彙。這時，親子共讀就是很好的媒介，說著書中各種奇思異想的故事，拓展局限的生活環境，突破日常有限環境的口語運用，開拓更多語料的可能，也能在共讀時和孩子有較多的口語互動，這是開發寶寶腦力並提供豐富詞彙量最立即且有效的方式。

幼兒 2-3 歲時，符號與文字概念開始萌芽，大約 3 歲時會從繪本的圖畫轉移到文字的關注，4-5 歲的幼兒漸漸覺知書中一個個文字也是傳遞故事及感思的媒介，發展出文字的概念，並且覺察華文「一字一音」的對應特性，知道聽、讀的故事書是以文字寫出來的，對文字漸漸感到興趣，也產生識字的動機，從書中到

日常生活的觀察與學習，像是：商店招牌、食品包裝等等……，認識更多的字，快速增加字詞量，也就能從累積的語彙為基礎，在共讀時注意到前後頁的關聯，看書時也會逐頁翻閱，理解故事的發展，也會想讀出書中的文字，漸漸發展自主閱讀的行為。

　　像這樣從閱讀來識字，與習字本上每個單一文字習寫的學習是不同的，藉由繪本的圖像輔助，孩子對於文字是有感知的，例如：《大樹之歌》繪本裡的文字寫著：「樹是這樣的美好。」畫面裡的樹上有鳥巢，樹是小鳥的家；另一個畫面裡的樹上結滿許多果子，透過父母的聲音以及繪本的圖像接引，孩子不只學到「美」這個字的字音與字形，也從而領會「美」的字義與傳遞的感受，這種閱讀時的心理意象（mental imagery）十分重要，從文字的外觀接引內在思考與感受的心智活動，這也是日後閱讀時從文字符碼掌握抽象意念的關鍵能力，閱讀有所感，進而有所得，同時也可以回應許多家長的問題：學齡前的孩子認得很多字，也會寫很多字，剛進小學時，學習進度比別的小孩快，但是，漸漸的學習速度就緩慢了，甚至文章或書本裡的每個字都認識，卻讀不懂意思，考試時也看不懂題目在問什麼，或是寫作時一個字都寫不出來，或者無法靈活遣詞用字來表達所思所感。因為認得字與會寫字不等同就有閱讀理解的能力，文字不是眼睛看到的筆畫組合而已，而是表達意念、傳遞感受的符碼，閱讀是詮釋符碼產生意義的能力，習字本上習寫一行行的字沒有前後文的情境，只是依著文字線條「畫字」，這樣的操練在日後「看書」時是無法接收文字傳達的意念與感受的，也就無法從文字深入學習，或是

寫作時靈活運用文字表達所思所感了。同時，能夠從文字讀出思考、感受的孩子，也能運用文字成為思考與感受的載具，醞釀主動找字來學習的動機。記得有一次，一位媽媽帶著小學低年級的女兒一起來研習，女兒在旁邊寫功課，老師出的作業是（美麗）的花朵，要小朋友照樣造句：（　）的味道，這時小女孩悄悄問媽媽：「我要寫『濃郁』的味道，『濃郁』怎麼寫？」因為從小有共讀習慣的小女孩已經累積了豐富的語彙，到了小學時，就會從儲存的語彙裡主動找字來習寫，靈活遣詞用字，也順利銜接了聽、說、讀、寫的進程，若只是習字操練的孩子，如同前面提及的，因為小肌肉還未發展完全，費力寫完一個字時，共讀的孩子已經讀了一本又一本的書，累積了豐富的語彙，等到上小學讀寫行為開始時，就會主動運用聽和說的豐富語彙基礎來學習讀寫，也因為這時寫字能力更為熟練，習字也更有效率了。又如同講座時，有家長詢問：「和孩子共讀時，讀著讀著，竟然發現孩子會讀出書中的字，先生說我別高興得太早，孩子不是認得字，而是我和他共讀的聲音記憶，照著讀出來罷了！」其實，在共讀的過程中，孩子聽著父母的聲音，看著書中的圖畫，接收故事傳遞的感受與心情，進而對應書中文字符碼表達的敘事與情意，這就是自然而然識字的過程，這時識得的文字不是筆劃表象，而是傳達思考與感受的符碼，日後從圖畫書進展文字書閱讀時，腦中也會蹦出文字傳達的畫面想像，理解文字背後的情境與意念，才能活學活用，在寫作時，看到題目也有了對應的畫面，順勢以文字寫出。因此，繪本的圖像不會成為孩子認字的「阻力」，更是他們

親近文字、發展高層次閱讀能力的「助力」，而關鍵在於學習者不是依賴圖像而放棄文字，而是以圖像作為文字學習的媒介，有了繪本畫面的連結，從圖像涵養圖感，再透過共讀時聲音連結的語感，對於文字不只是看到、讀到，更是可以感受到的，因此就有了深刻的體會。因為習字不只是一筆一畫構築的字形而已，更是意會「字」的意義，進而在閱讀與寫作時靈活的接收與傳達。

🍎 親子共讀培養萌發期讀寫力

由上可知，親子共讀是培養讀寫力的沃土，並且對於孩子日後的學習產生深刻且長遠的效能，從共讀行為的建置，幼兒對書本概念的形成，進而與書本建立親密的聯繫，在漸漸發展文字概念的時候，一邊說故事，一邊自然而然的「指讀」，也就是邊指著文字念出來，接引好奇心旺盛的幼兒，從圖像感知發展文字認知，連結文字和字音的對應關係，拓展孩子的認知思維來識字及積累詞彙，強化閱讀的感思能力，並且與孩子在共讀時互動交流，涵養流暢的語言表達能力，日後讀寫行為啟動時，這些底蘊即能夠促進新知識的內化連結，舉一反三，觸類旁通，讀出深廣的意涵，寫作流暢無礙。

因此，就以共讀取代制式的語文操練，不要只想著教孩子練習寫字，或是把繪本變成識字教科書，如同上課一樣，要孩子把書上的文字結結巴巴念出來，這樣的共讀往往抹殺閱讀的樂趣，孩子與書本的心靈與實質距離都會越來越遠，就讓共讀營造親子愉悅的親密時光，孕育日後讀寫的沃土，待日後種子播撒時，順

利成長茁壯，因為生命底蘊豐美了，孩子自然會穩健走向前行的道路。

註一：Betty Hart and Todd R.Risley. Meaningful Differences in the Everyday Experience of Young American Children, Paul H.Brookes Publishing Publishing Co., 1995

註二：吳淑娟〈陪伴小小孩聊天~~把握語言發展的敏感期〉，資料來源：醫起育兒網 (twror.org)

Chapter **6**

醫生的溫暖叮嚀：
寶寶身心健康的處方箋

近年來，許多小兒科醫師也加入推展親子共讀的行列，當家長到診間求助看診時，醫生的處方箋也會加入一項：和寶寶共讀吧！

父母親在嬰幼兒的成長過程中，十分關注寶寶身體的發育，像是健康手冊裡的身高、體重、頭圍數據有沒有符合生長曲線圖？是不是符合「七坐八爬」（七個月會坐、八個月會爬）的發展等等，卻往往忽略了看不見的心智成長，等到寶寶出現語言發展遲緩或行為問題等相關狀況時才會求助醫生。近年來，許多小兒科醫師也加入推展親子共讀的行列，當家長到診間求助看診時，醫生的處方箋也會加入一項：和寶寶共讀吧！

🍎 醫生推展親子共讀的理由之一：促進嬰幼兒大腦發育

1989 年，美國波士頓市立醫院推廣「展臂閱讀」（Read Out

and Read）計畫，小兒科醫生在診間鼓勵與教導家長如何進行親子共讀，後來被美國小兒科協會正式列為醫療照護的項目之一。為什麼小兒科醫師也重視親子共讀？如同本書前面章節一再提及的研究結果：多和寶寶說話有助於嬰幼兒腦部發育，對於身心健全發展有著關鍵性的影響。而親子共讀是「父母和孩子說話」最直接有效的實踐方式，同時也更能提升父母與孩子說話的品質。

1988 年，美國心理學家懷特赫斯特（Grover J. Whitehurst）倡導「對話式共讀」（Dialogic reading），即是親子共讀時，不只大人說，更鼓勵寶寶回應、表達想法，提供更豐富的口語內容，拓展更豐富的語彙，給予最直接的大腦刺激，促進前額葉的活躍與早期腦部發育，促進寶寶語言和智力的發展，養育聰明的寶寶。這樣的理念與作法獲得許多小兒科醫生的認可，不只在診間教育家長，也在各醫療院所推廣，或是受邀至社區親職講座，從醫療的角度推廣親子共讀。2002 年時，懷特赫斯特受邀任職美國教育部教育科學院（Institute of Education Sciences）第一任院長，更從官方立場積極推動對話式的親子共讀，由醫護人員來教導寶寶照護者，除了關照寶寶的身體營養，也更能重視心智成長的養分，了解親子共讀對於成長的助益。

🍎 醫生推展親子共讀的理由之二：改善嬰幼兒的行為問題

兒科醫生是學齡前嬰幼兒父母信賴的諮詢對象，不只是寶寶的醫療健康保健，還包括成長過程裡諸多的行為問題，根據研究

結果統計：過動、攻擊行為以及注意力不集中是影響美國兒童學習的三大障礙，而醫生也從臨床研究與治療發現：親子共讀不只有助於嬰幼兒大腦的發展，也可以改善上述過動、注意力不集中、容易暴衝，甚至攻擊別人等等行為。

美國紐約大學醫學院艾倫‧孟德爾頌（Alan Mendelsohn）醫生從 1998 年在紐約市立醫院進行一項親子共讀的研究計畫，送繪本給參與計畫的家庭，並教育家長應該注意的嬰幼兒發展指標，以及對應這樣的指標會出現的行為，接著請家長和孩子一起共讀並錄影紀錄，之後與家長一起觀看影片，討論孩子在共讀時的反應，讓家長從中調整共讀的方式，並在家裡實踐。研究結果發現：這些參與親子共讀計畫的孩子，不管在學習狀況或遊戲參與力、以及注意力集中程度都比沒有親子共讀的孩子狀況佳，也較少出現過動、分離焦慮或是攻擊的行為。（註）

為什麼親子共讀有這樣的成效？參與計畫的家長經由指導，在共讀時特別注意與孩子的互動，像是製造各種音效增加共讀的樂趣，例如：小狗出現時加上「汪汪」的叫聲，汽車「叭叭」的喇叭聲等等，或是一起扮演書中的角色，加上動作及對話，鼓勵孩子說一說看到什麼，表達想法，同時，對孩子的反應積極回應，如果孩子對哪個情節或角色特別感興趣，就聚焦在那個部分來互動，滿足表達的需求，孩子因為樂在其中，培養了專注力，當然，親子共讀時將孩子抱在懷裡，或是孩子緊緊依偎在父母身邊，有了愛與安全感的滿足，也能減少攻擊行為的發生，因此，醫生將親子共讀作為「閱讀療法」，不僅是解決上述情況的診斷

藥方，也是超前部署的預防方式。

🍎 醫生推展親子共讀的理由之三：對於嬰幼兒穩定情緒的助益

　　除了上述研究的結果，醫生也在臨床看診時發現親子共讀的其他助益，例如：有嬰幼兒因為腸胃不適不停哭鬧，醫生建議家長和寶寶共讀，讀著讀著，寶寶專注於繪本故事裡，竟然停止了哭鬧；同時，親子共讀時，父母溫暖的聲音與親密的互動，也能讓寶寶感受愛與溫暖的滿足，這是安全感的來源，也能穩定寶寶的情緒。此外，一旦寶寶有足夠的語彙描述感受，可以順暢的表達情緒，與別人良性互動，對於寶寶社交及情緒發展都有決定性的影響，輕鬆養育情緒穩定而心理健康的快樂寶寶。

　　從預防醫學優生保健的觀念來推展親子共讀，更能發揮說服力與影響力，台灣於 2017 年也成立了「展臂閱讀協會」，由醫生在各縣市的醫院診所及社區推動台灣的「展臂閱讀」，迄今已有數十個據點，如前文闡述的，推廣親子共讀帶給孩童心智發展及情緒安定等諸多好處，那麼不妨也遵從醫生的建議，和寶寶一起共讀吧！

註：Alan L. Mendelsohn. Reading Aloud, Play, and Social-Emotional Development, PEDIATRICS（美國小兒醫學期刊），2018年5月

Chapter **7**

大手牽小手：
親子共讀向前行

　　建置閱讀環境、建立共讀儀式，享受愉悅的閱讀時光，開始親子共讀的實踐。

　　在前幾章的論述裡，相信讀者已知道嬰幼兒早期閱讀的重要性，也知道如何選擇寶寶的適齡繪本，接著就是帶著寶寶開始親子共讀的實踐。

　　如何和寶寶共讀？你可以這樣做：

🍎 營造生活中的閱讀情境

　　家庭的閱讀環境是寶寶親近書籍的起始，不用費心準備一個裝滿書本的大書櫃，如果小朋友自己看不到也拿不到書，等著爸爸媽媽想到時才從櫃子裡拿書出來，常常緩不濟急，孩子也只是被動的接收者，缺乏主動閱讀的動機，更遑論養成閱讀習慣了。因此，可以在家裡客廳、臥室、餐廳、遊戲間……各處都擺設配合孩子身高的矮書櫃或書籃，放置抱枕、玩偶，布置溫馨的閱讀

角落，那麼不用等到你想起來，小寶寶在爬行、無聊時，隨時隨地都可以看到書、拿到書，恣意翻閱，如同吃飯、睡覺、玩遊戲一樣，是生活的一部分，如此一來就能建置閱讀日常。

另外，常常帶寶寶去圖書館、書店親近書本，讓書成為寶寶的好朋友，在特殊節日或生日時，也可以買書送給孩子，因為這樣的情感聯繫，書本在孩子心目中自然意義非凡。

🍎 每天固定的時間與寶寶共讀

找個一天裡適合的時段展開共讀行動，閱讀是細水長流的希望工程，可不要捕一天魚，曬三天網，養成習慣以後，共讀就成為每天的閱讀儀式，在這個時間裡，寶寶會期待與你共讀，等你說故事給他聽，或者主動拿書邀你。通常許多父母會選擇在寶寶睡前進行這個共讀儀式，寶寶聽完故事，帶著滿足的笑容進入夢鄉，當然，如果能多幾個共讀時段更好囉！

然而，我在講座中常遇到家長問道：「現在我知道和孩子共讀的重要了，但是我很忙，抽不出時間怎麼辦？」其實，每個人一天都有 24 小時，要做什麼事就看心中排列的順位罷了！如果認定親子共讀是重要的，那就排除萬難開始吧！1960 年，日本作家椋鳩十發起「親子 20 分鐘讀書運動」，呼籲父母每天抽出 20 分鐘與孩子共讀，大概就是讀一本繪本的時間。20 分鐘很長嗎？很多人一不留意，東摸摸、西晃晃，或者滑一滑手機，許多個 20 分鐘瞬間流逝了，但是 20 分鐘可以和孩子共讀一本書，這日復一日 20 分鐘的積累，孩子的人生也因此不同。

🍎 享受親子共讀的時光

其實，20 分鐘的長短感受也取決於父母是否喜愛閱讀，如果父母本身沒有閱讀的興趣與習慣，抱著「陪讀」的心態與孩子共讀，那就是一整天工作下來的額外負擔了。許多來上「親子共讀」培訓的父母，也不諱言是為了孩子日後學業表現才與孩子共讀的，但也因為自己不能享受這個過程，拿起繪本共讀時，會不時的偷看一下後面還剩下幾頁，想要趕快結束，不知不覺語速變快，無形中眉頭也皺起來，接著故事裡的許多細節就不見了，在這種急著想趕快結束的情境裡，若孩子這時又問個問題、插個話，父母就更急躁了，還會發火怒罵：「我累了一整天，還得辛苦為你說故事，你這麼不聽話，東問西問的，只會搗蛋，故事何時能說完啊！」或是抓狂的對孩子說：「不——要——再——問——了，繼續看下一頁！」如果父母把共讀當作一項任務，費盡心力、排除萬難和孩子共讀，卻又疲倦不堪，無法享受其中，那真是一件苦差事，這樣的共讀不但品質不佳，也往往無以為繼，若父母的表情又是不耐煩的，或是填塞太多的學習目標，如同上課或考試一般，把親子共讀弄得太沉重，孩子感到肅殺的氣氛，當然也就無法享受父母苦心擘畫的共讀時光，又怎麼會期待共讀？更不用說從這樣的起始愛上閱讀了。

正如有一句話說：「親子共讀時，孩子最先看到的不是書，而是父母的臉。」因此，父母在共讀時愉悅的臉龐吸引孩子願意親近，看到父母興味盎然的樣子，孩子也才會在好奇心的驅使

下，想知道書裡到底寫了什麼，抱著期待的心情，享受愉悅聲音傳達的美妙故事，就此走入閱讀的天地。

　　因此，就從自在享受親子之間溫暖親密的閱讀時光開始吧！而珍惜這樣美好時光的家長才會願意為親子共讀多花一些心思，調度更好的閱讀情境，讓共讀成為親子給予彼此的美好禮物。

　　那麼，不愛閱讀的父母如何享受共讀的時光？首先，不要想著要「教」孩子什麼，那就是一種心力負擔了，許多父母在共讀時不忘對孩子說教，例如：「這個故事告訴我們要遵守秩序對不對？」還會趁機指責一下孩子：「你每次都橫衝直撞，怎麼講都講不聽，你看故事裡的大雄好乖啊！」這樣的說教往往搞壞孩子的閱讀胃口，不斷挨罵的孩子應該也會害怕共讀吧！於是，要跟孩子共讀時，孩子可能也會說：「媽媽不用了，我自己讀就好。」或是找藉口拖延，後來就不了了之了。

　　曾經也有家長分享這樣的經驗：因為孩子不愛閱讀，就以閱讀作為做錯事處罰的方式，起初覺得成效很好，這樣孩子就沒有理由對閱讀討價還價了。有一天，這位媽媽帶著孩子到朋友家拜訪，一看到朋友家裡有很多書，就很高興的對孩子說：「哇！阿姨家書真多，趕快去看書。」孩子一臉無辜的說：「我今天又沒做錯事，為什麼要讀書？」因為閱讀和懲罰的聯想，也如同許多大人的閱讀經驗與考試連結，這樣的不愉快記憶，更讓孩子不愛閱讀了。

　　因此，在閱讀「量」的累積之前，更重要的是「質」的先行引領，不論多好的書，如果父母興趣缺缺，態度敷衍，孩子也就

覺得索然無味了，就從父母自身也能享受閱讀的樂趣開始吧！不只孩子愛聽故事，大人也一樣，就讓好聽的故事餵養自己和寶寶吧！拿來好看的故事繪本，以輕鬆的心情來共讀，在這個共讀時刻裡，寶寶感受到媽媽的聲音好溫暖，爸爸的懷抱好舒服，故事好好聽，父母也從中得到了有寶寶陪伴的滿足感，享受故事的愉悅，因為親情、愛與溫暖的連結，還有動聽的故事，閱讀的親子會是快樂的，父母也就不會視共讀為疲累的負擔，而是每天工作後期待的幸福時光，這時父母愉悅的臉龐也將是孩子喜愛閱讀的不二法門。

　　曾經也有家長在講座裡分享：理解親子共讀的意義後，開始不帶任何說教與評判，單純的享受將兩個孩子摟在懷裡共讀的溫馨時光，對於每天進行的共讀，壓力沒那麼大了，哥哥和弟弟也會主動拿書，請媽媽說故事，不像以前老是哭喪著臉聽媽媽說教，也樂於在共讀時光裡分享心情與想法。有一次，這個媽媽和兩兄弟在睡前讀完一本親情主題的繪本後，媽媽發現平日爭吵不休的兩兄弟竟然互相握著彼此的手入睡，臉上還掛著笑容呢！於是這個媽媽從中體會親子共讀的真諦，在故事的潛移默化裡，愛與溫暖正在悄然流動著，孩子內心的美善種子也正在萌芽成長，覺得親子共讀是辛勞工作後最好的犒賞呢！

　　正如繪本作家宮西達也說的：「也許很多爸爸媽媽都以這本書能教給孩子什麼作為共讀的意義，但重要的是帶著孩子一起看書時，親子交流的溫馨時光。」念繪本給嬰兒期的寶寶聽，等寶寶大一點時，一起在共讀時探索和觀察，寶寶看著書中的圖，聽

大人說，接著自己會說、會讀，在親子親密的互動裡，也催化家人之間的心靈交流，孩子會更期待和父母共讀，父母也更能享受這段親子共讀的時光。

🍎 遇到這些情形時怎麼辦？

你欣然與寶寶共讀，但在過程中可能發生各種無法順利進行的情況，這時，千萬不要遇到挫折就停止行動，可參考以下的建議。

狀況一：小寶寶不想讀

共讀不到 5 分鐘，寶寶開始不耐煩，或是目光被別的東西吸引，甚至想掙脫你的懷抱，這時千萬不要感到挫折而就此不再共讀，嬰幼兒的感官敏銳，加上好奇心及探索慾望強烈，對外在的刺激反應靈敏，容易受環境影響，對同一件事物的注意力也沒辦法維持太久，專注力本來就不長，所以好動或分心是正常的。1分鐘、2 分鐘都好，習慣是慢慢養成的，況且每個孩子各有天生的特質，若寶寶較好動卻勉強共讀，搞得哇哇大哭，對共讀產生抗拒，就更難有後續的實踐了。親子共讀的意義不在於一定要把一本繪本讀完或是念多少本書，而是引領孩子親近書本，培養閱讀的興趣，漸漸養成閱讀的習慣。剛開始共讀時，時間不長也沒有關係，隨著寶寶越來越大，專注力變長，共讀時間也就會逐漸拉長，漸漸的可以讀完一本書，或是主動拿書來和你一起共讀、會自己翻書頁……。

因此，寶寶不想讀時，不要強迫繼續閱讀，不妨等吃飽睡足心情好時，再換另一本書試試，總會找到合他胃口或吸引注意的書，同時父母也可以觀察寶寶無法專心共讀的原因，除了這本書引不起興趣以外，是否眼前還有比看書更吸引他的事物？試著在共讀時運用道具或加入肢體動作、適當的語調變化，看看能否吸引寶寶的注意，同時，以互動遊戲的方式說故事，讓嬰幼兒有參與感，也能提高閱讀的興趣及專注力。

狀況二：小寶寶急著想翻頁

隨著寶寶的生理發展，小手功能越來越靈活，常常會在你還沒讀完 1 頁時就急著翻頁，或想拿起書來啃咬或把玩。大約 1 到 2 歲左右的幼兒雖然對書有一些概念，能分辨看書和操作玩具的不同，但仍缺乏對書的內容順序性或前後關係的認知，看書時會胡亂地翻頁，好奇的翻找熟悉或特別感興趣的圖像，更大的幼兒因為「自主能力」的發展，對眼前的書本試圖掌控，也會主動想前後翻頁，這是很常見的現象，這時不一定得按順序一頁一頁讀起，寶寶想看第幾頁就看吧！可不要搞得像上課一樣，想要硬塞給孩子一堆知識，就讓寶寶有參與感，盡情探索吧！父母要有「邊玩邊讀」的態度，因為這時讓寶寶自在親近書本才是最重要的事。

和寶寶一起讀著隨興翻開的頁面，隨著心智的發展，漸漸的就有前因後果的概念，發展出敘事邏輯以後，就能從容讀完一本書了。

狀況三：寶寶老是要讀同一本書。

　　為寶寶準備了許多書，但寶寶老是要求讀同一本書，一遍又一遍，或是在書中感興趣的頁面停下來，一讀再讀。其實寶寶反覆的讀自己喜愛的書也是很正常的現象，這是小寶寶的安全感需求，因為熟悉是安全感的來源，同時，對於嬰幼兒來說，熟悉的書本也像是他的好朋友，每天總是想要見面一起玩，幼兒擁有敏銳的觀察力和無限的想像力，即使天天看同一本書，總能有新的發現，因此可以樂此不疲。

　　不要急，慢慢來吧！寶寶有自己的步調，就和他反覆讀這一本書吧！等著寶寶願意探索其他書本的時候到來，可能就在同一本書不知道聽過幾遍以後，不識字的寶寶也可以念故事給你聽呢！只要隨時更新書櫃裡的書，吸引寶寶的興趣，等著寶寶去發現，或者就在你一遍又一遍講完同樣的書以後，寶寶需求被滿足、興致很高時，嘗試引進同系列或同屬性的繪本，像是工藤靜子的小雞系列或宮西達也的霸王龍系列，順勢銜接之前的閱讀經驗，以喜歡的相同角色吸引寶寶探索下一本書裡的精彩故事，或者就在寶寶要求「再講一本」時，就讓新書悄悄上場，另外，也可以建立這樣的閱讀儀式：每天共讀兩本書，一本由孩子自己挑，一本由你來選，這時就可以在熟悉經驗滿足後，觸動孩子的好奇心，逐漸拓展更豐富的閱讀世界。

　　因此，家長配合孩子的步調來共讀，而不是心急的以自己的

節奏來要求孩子，這樣就不會感到挫折了，也能陪著孩子一步步穩健成長。

就從建置閱讀環境、建立共讀儀式，享受愉悅的共讀時光，開始親子共讀的實踐，從孩子看見的、回應的，和你說的一起發展完整的故事，孩子也就能在共讀的體驗與發現裡，感受閱讀對自己的價值，漸漸成為主動的閱讀者，從閱讀裡學習，從學習中成長，所有的教養也在這樣的潛移默化裡悄然完成。

推廣親子共讀不遺餘力的日本作家松居直表示：「一個人在 10 歲以前，要是沒有養成閱讀習慣，以後要補救就比較困難了。」而家庭正是在這個時期培養孩童閱讀習慣的場域。相關追蹤研究也發現：嬰幼兒時期就有親子共讀經驗的孩子會較早發展出書本和文字的概念，也有較強的學習動機，親子關係也較密切。那麼就從閱讀概念的建立、閱讀行為的建置到閱讀興趣的觸動、習慣的形成，開始親子共讀的實踐，為孩子日後的學習奠立豐厚的底蘊。

Chapter **8**

愛的進行式：
親子共讀的幸福日常

　　你或許擁有無限的財富，一箱箱的珠寶與一櫃櫃的黃金，但你永遠不會比我富有，因為我有一位讀書給我聽的媽媽。

—— 史斯克蘭・吉利蘭（Strickland Gililan）

　　父母總是希望給予孩子最好的一切，期許孩子有個幸福的未來。如同前面章節一再闡述的，親子共讀是孩子身心發展的珍貴養分，也是父母給孩子最美好的禮物，然而親子共讀從行為建置到習慣養成不是一蹴可及的。這一章就來進一步談一談，如何接續親子共讀的起步，進而創造親子共讀的幸福日常。

🍎 「早讀」不是提前讀

　　從「0 歲閱讀起步走」的推廣，就可以知道早讀在嬰幼兒成長階段的重要性，但許多家長誤解「早讀」的意義，認為早讀就是「不要讓孩子輸在起跑點上」的提早起跑，要嬰幼兒提前讀「大小孩」的書，提早認字，急於灌輸知識，卻沒有考慮這樣的

做法是否符合嬰幼兒身心發展的規律，因為在小學能夠輕易學會的，可能在幼兒階段因為心智發展還未成熟，學習起來更加困難，容易產生挫折，造成壓力和負擔，甚至扼殺掉孩子的學習興趣。

曾經在一所圖書館演講後，看到許多家長正在為幼兒借書，我看了一眼家長想給幼兒讀的竟然都是小學階段學童讀的知識書籍，但孩子自己在書櫃拿取的卻都是繪本故事。許多家長認為增長知識的書才是真正在學習，然而孩子受到吸引，能夠興味盎然地享受閱讀，才能開始長長遠遠的閱讀旅程，這樣的動機在閱讀初始階段更是重要，更何況如同前面章節闡述的，為幼兒量身打造的適齡讀物，對於成長階段的心智發展有著更關鍵性的助益，若沒有豐厚的底蘊，如同在土裡插枝的植物，看似花繁葉茂，但因為沒有根，也很快就枯萎了。

因此，「不要輸在起跑點上」的早讀意涵是儲備好起跑的動能，培養閱讀的興趣與習慣，建置閱讀日常，才能在幼兒腦力發展的黃金時期刺激腦神經的連結，如同調節良好的環境，滋養心智的沃土，埋下種子，才能接續日後健壯植株的成長，若是無趣又無味且吃力的早讀，沒有主動學習的動機，家長費盡心力，寶寶仍然不想讀，甚至對閱讀反感，日後更無以為繼了。

🍎 共讀不是陪讀

嬰幼兒早讀需要父母的共讀引領，然而大人卻往往將「共讀」視為陪孩子讀書，這樣的心態往往將共讀變成說教，講大道理教

訓孩子，數落孩子的不是，或是一場口試，不斷以問答題審問孩子學到什麼，這樣的共讀嚴肅而沉重，勞心也勞力，孩子不會有興趣，大人也覺得疲累，因為沒有興致，所以不想進行，也就挪不出時間來了。

在終身學習的時代，父母和小孩一樣，也是需要學習的，因此，「共讀」不是陪讀，而是與孩子共同學習，就和孩子一起手牽手到故事國遨遊吧！在愉悅的閱讀時空裡，與孩子在共讀裡一起探索，一起分享書中的感受與思考，能夠自在舒展心靈的閱讀，才會有更豐富的領會，這時你會發現：孩子讀圖的能力比大人強多了，往往會在繪本裡看到你忽略的圖像細節，從孩子的視角有了更多的發現與學習，啟迪了大人的思考或眼界，或是重拾曾經遺忘的初心，或是鬆動了被慣性制約的僵化心靈，發展更多的創意思考，這時「共讀」就是一家人從閱讀中互相學習的時光，一起共學共好。

不用扮演一個無所不知的大人形象，想著要教孩子什麼，或是什麼都要告訴孩子，就以輕鬆的心情來共讀，以彼此的分享取代灌輸教導，鼓勵孩子發表看法，並隨時給予回饋，例如：「啊！好棒啊！媽媽都沒發現呢！」從中培養孩子的自信，樂於分享和交流，讓閱讀養分滋養彼此，親子共同創造豐美的學習體驗。這樣的共讀是親子對等的享受，孩子和大人每天共讀，自然也會養成閱讀的習慣，當然也可以全家一起共讀，鼓勵孩子用圖畫書講故事給家人聽，分享與交流彼此的感受和想法，涵養家庭的討論文化，促進全家的心靈溝通，這愛與安全感是寶寶閱讀興趣與習

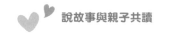

慣的美好起始,也是家庭親密關係的基石。

🍎 父母的聲音最是珍貴

在現今忙碌的社會裡,也許有家長這樣想:是否可以由 3C 產品來替代親子共讀?尤其是平日花許多時間在滑手機的父母,孩子吵鬧時,常把手機或平板電腦拿給孩子把玩,嬰幼兒被聲光刺激吸引,不吵也不鬧,許多家長覺得這真是照顧孩子的好幫手,因此常運用 3C 產品來安撫嬰幼兒,並且認為孩子可以從中學習,還覺得音頻或視頻裡說故事者字正腔圓,聲情並茂,說得比父母還專業呢!

2010 年,日本聖隸克里斯多福大學進行一項「共讀與幼兒前額葉腦部活動」的研究。參與研究的是平均 23 個月大寶寶的 15 對親子,將這研究對象分為兩組,第一組讓媽媽和孩子共讀一本繪本,另一組則是將同一本繪本製作成影片,並配上旁白,讓親子一起觀看,研究者同時觀察這兩組的親子互動,並使用近紅外光譜分析儀(Near Infrared Spectroscopy)檢測幼童的腦部前額葉活動,因為「前額葉」是負責處理人類認知功能的重要區域,包括專注力、記憶力、社會情緒以及語言發展等,若孩童前額葉腦波偵測數據較高,以後的語言和認知發展也較好。研究結果發現:親子共讀繪本時,語言交流和肢體的親密互動都比看故事影片多,前額葉的活動性也比看故事影片組活躍,因此,比起看故事影片,親子共讀更可以刺激前額葉的活性,能夠促進孩童認知、學習以及語言能力的發展,所以,與人互動才是促進幼童腦

部發展的關鍵，若只是被動的聽與看，不習慣表達，也容易呆滯思考，妨礙腦部的發育（註）。同時，受到聲光強烈刺激的幼兒，無法集中注意力，視力也容易受損。

這樣的研究結果與美國兒科醫學會的看法相似，都建議少讓2歲以前的嬰幼兒使用3C產品，並且也不要以3C產品替代親子共讀。

那麼孩子究竟喜歡以3C產品聽看故事，還是父母說故事呢？曾經在講座裡有家長分享：花了許多錢買故事影片產品給女兒看，幾天以後，女兒還是要求媽媽講故事給她聽，媽媽說：「影片裡的姊姊不是比媽媽更會說故事嗎？而且還有好看的動畫。」女兒說：「可是影片裡的姊姊不會抱我，也不會和我聊故事啊！」也許父母的聲音不像音頻或視頻裡字正腔圓，但與幼兒交流的感情，撫慰心靈的愛與溫暖，正是3C產品無法取代的，聽父母念書，在溫暖生動的聲音與話語裡接觸書本，那麼對書的感情也一定不一樣，親子共讀時可以一起聊故事的趣味，分享生活的經驗，當生活裡遇到與書中相同情境時會心一笑，這是親子彼此才懂的甜蜜默契，在孩子心中更具特別的意義。例如：孩子喜歡車子，在共讀時一起為書中的車子取名字，建立親子之間的親密語言，從書本延伸到生活會心的互動，這種獨一無二的感受更是3C產品無法取代的。親子共讀的初心就是與孩子互動說話，啟迪幼兒的心智成長，影響日後深遠，因此，日本親子作家松居直先生說：「親子之間豐富的語言交流是一個家庭最大的財富。」而親子共讀正是這豐足積累的實踐。

🍎 兄弟姊妹一起共讀

也常有家長問起；家裡有幾個不同年齡的孩子，如何進行共讀？若是選擇大孩子讀的書，小小孩聽不懂而興趣缺缺，但若是選擇弟弟妹妹的嬰幼兒書籍，哥哥姊姊又會無聊而不耐煩，同時小小孩缺乏較長的專注力，也容易出現干擾共讀的行為。

父母可以機動調整共讀的方式，營造大小孩子都能參與互動的空間，藉此提升閱讀興趣和專注力，像是角色扮演，一起說故事，例如：當動物出場時，扮演者就發出該動物的叫聲，或是角色進行對話等，或者由哥哥姊姊主講故事給弟弟妹妹聽，或是靈活調度各種提問，讓大小孩子都能參與回應，尤其是從書本連結生活經驗的分享，大家都有機會分享所見所聞，這樣的開放空間就會有意想不到的發現。例如：小弟弟小妹妹會發現父母或哥哥姊姊沒有看到的細節或是提出創意的想法，哥哥姊姊也比父母親更能表達小弟弟妹妹聽得懂的語彙，擴大彼此對話的空間，激盪更豐富的思考，也就是書本提供了全家一起聊天的主題與情境，在多元的表達互動裡，更能促進腦神經靈活的連結，更多的探索與發現，並增進全家人親密的感情交流。

當然，也可以與大小孩子分別享受共讀的時光，例如小小孩睡覺或是大孩子上學時，就是各自共讀的時刻了。

🍎 親子共讀是持續的進程

許多家長好奇和這麼小的寶寶共讀，究竟能聽懂多少？尤其

是與嬰幼兒共讀時，無法得到立即的回應，因而感到挫折或懷疑。從嬰幼兒對書感興趣，進而從繪本的圖畫感知到文字認知，從發展簡單的邏輯概念到讀懂故事情節，理解意涵，這樣的過程不是一蹴可及的，但是若沒有起始的行動，也就沒有後續發展的進程，因此，共讀時先不要急著立即要學習複雜的語彙，或是急著認字寫字、灌輸許多知識，只要能夠培養親子共讀的習慣，在穩健的學習基礎上，寶寶就能順利成長與學習。

🍎 不同語言的繪本共讀

另外有家長詢問：若是想和寶寶進行英文、台語或不同語言的繪本共讀，是否也如書中介紹的方式來進行呢？

幼兒大約在 1 歲左右說出第一個有意義的語詞，2 歲前的詞語表達還未能完整，通常 3 歲以後才能流暢使用優勢語，也就是出生後慣常使用的語言，而語言初始學習常經由模仿而來，共讀雖然可以提供該語言的接觸機會，但若要能發展孩子該語言聽、說、讀到寫的表達，還需要生活裡語境的營造，也就是日常生活裡使用該語言的機會，如果孩子學習的語言只限於共讀繪本，跟生活經驗少有連結，那麼也無法在生活裡靈活使用。因此，還是先放下想藉由共讀學習語言的目的，不要讓故事繪本成為生硬的語言教材，抹煞共讀的趣味，搞壞學習胃口。「親子共讀」重要的是營造閱讀的愉悅感受和親密的互動交流，那麼不管父母使用何種語言與孩子共聽，如果能夠在閱讀情境裡觸動孩子對特定語言的興趣，配合環境的耳濡目染，自然水到渠成。

🍎 親子共讀，看見愛與希望的未來

整體而言，根據學者專家的研究，實踐親子共讀對寶寶的助益可歸納如下：

（一）認知的發展
（二）豐富背景知識
（三）語彙的累積
（四）注意力的養成
（五）提供典範
（六）將閱讀與愉悅連結在一起

在本書前面章節的論述裡，可以知道親子共讀對於寶寶認知發展和語彙累積的影響，同時，因為適齡讀物的吸引力，寶寶沉浸在書本情境裡，也容易培養專注力，日後學習效率高，當然也藉由日復一日親子共讀的學習積累，涵養豐富的知識背景，日後新知識的學習有了知識底蘊的連結將更為容易，並且藉由密集的知識迴路，強化觸類旁通以及舉一反三的理解能力。而幼童模仿力強，從模仿成人的行為動作或話語內容中，逐漸形塑日常的行為，而父母以身作則的閱讀行為，即是幼兒的學習典範，於是在父母溫暖的懷抱、溫柔的聲音，親密互動的共讀裡，享受閱讀的愉悅，這也將是親子共讀能否持久的關鍵，而持續閱讀的動機，涵養的閱讀習慣，也將能發展一生閱讀的實踐。

　　如同美國詩人史斯克蘭‧吉利蘭（Strickland Gillilan）的這段詩句：「你或許擁有無限的財富，一箱箱的珠寶與一櫃櫃的黃金。但你永遠不會比我富有，因為我有一位讀書給我聽的媽媽。」營造溫馨的閱讀情境，和孩子一起享受閱讀的樂趣，讓閱讀如同吃飯、睡覺一樣，是生活的一部分，也因為閱讀，親子日常因而美好幸福。因為親子共讀溫馨情感的交流，孩子在真正開始「讀書」之前，就已經愛上閱讀了，等孩子長大後，也不用督促孩子：「看書去！」因孩子們早已各自養成「悅」讀的習慣。那麼，親子共讀是不是值得開始行動並持續下去呢？

註：S Ohgi, KK Loo, C Mizuike. Frontal brain activation in young children during picture book reading with their mothers, Acta Paediatrica, Volume 99, issue 2, p.225-229

Chapter **9**

成為智能父母：
親子共讀帶給父母的珍貴禮物

　　親子共讀不只是父母養育孩子的好幫手，更是給為人父母者的珍貴禮物。

　　比起親子共讀議題的關注，家長在講座裡詢問更多的是孩子的教養問題，這些五花八門的提問反映各種教養困境，表面上看似和共讀無關，但我卻覺得可以在親子共讀的實踐裡迎刃而解，甚至事先預防，同時，面對焦慮而壓力沉重的父母，我也總是建議：「和孩子共讀吧！」

🍎 親子共讀讓教養變得很容易

　　當嬰兒呱呱落地後，因為沒有先前經驗可遵循，所以在探索與嘗試中成長，從生活中模仿與學習，形成初始行為，在環境給予增強或削弱的回應裡逐漸固化為行為模式，養成生活習慣，若是孩子幼小時沒能好好教養，形成取巧的惡習，或是行為偏差，那麼日後也將不斷為孩子層出不窮的問題傷腦筋，教養孩子真的

無法偷懶啊！如同貸款時多付一些本金，日後利息就付得少一樣，但是忙碌的父母常常覺得抽不出時間，關心孩子的父母卻也千頭萬緒，不知從何著手，這時，就從親子共讀的實踐開始吧！一天 20 分鐘，從故事潛移默化，建立正向的價值觀，涵養良好的行為與品行，孩子知道何者當行，何者不當為，產生學習遷移，那麼教養就變容易了。其實以威脅恐嚇的方式制止孩子不當的行為，也顯示父母的無能為力，從閱讀的心性涵養外顯為合宜的舉止，取代行為偏差後的矯正或教訓，這就是共讀對於教養的助益。

然而，需要留意的是親子共讀並不是對孩子說教，曾經有一位來上我的故事培訓課的家長，她說孩子不愛和她共讀，一問之下才知道因為她習於以說教的方式和孩子共讀，不只是孩子不耐煩，自己也覺得疲累，後來，她學會了和孩子一起享受故事，不但自己樂在其中，孩子也開始期待每晚睡前的故事時間。

因此，父母可以在共讀時克制想管教孩子的衝動，就輕鬆的說故事吧！在語言的交流、心靈的溝通、故事的觸動裡，教養孩子就此變得更輕鬆。

🍎 童書共讀，同理孩子的心

愛孩子的父母總是想給孩子最好的一切，但孩子往往接收不到父母的愛，反而視為牽制與束縛，極力想掙脫。因此父母常常感嘆孩子不懂父母的苦心，其實為人父母者又何嘗懂得孩子的心呢？

許多父母都忘了自己也曾經是小孩，那是努力提起腳，在無數次搖搖晃晃地試探或跌倒裡才能往前走一小步的過程；是費盡心力、滿臉糊搭搭的才以湯匙舀起飯並且順利入口的時光，卻總是以成人的日常標準來要求孩子，甚至因為望子成龍、望女成鳳的心態，還有更高標的要求，看到孩子笨手笨腳時，就覺得不耐煩，大聲斥責孩子為什麼把餐桌搞得髒兮兮的，或是看不順眼時就幫孩子做，剝奪孩子學習的機會。在親子共讀時，父母和孩子一起走進童年的世界，重新認知與體驗嬰幼兒階段的成長過程，更能體會孩子的想法與行為，心性相通後，就能放下緊繃的心情，也更能在每個當下的教養情境裡先同理孩子的處境，這時就能減少與孩子的衝突，再來因勢利導時，因為貼近孩子的心理，往往就能事半功倍。

然而，許多父母卻反映和孩子共讀時，許多繪本讀來卻不相應或讀不懂，甚至許多受到大獎肯定的繪本也是如此。最大的原因也是因為好繪本常以孩子的視角或是同理孩子的心來創作的，書中的童趣吸引孩子的目光，還有與孩子相應的童心，因為喜歡，所以樂於親近，從而走入書中的世界，一起喜怒哀樂，書中傳遞的感情與思考因而得以潛移默化，比起大人的嚴厲威嚇或教訓而言，孩子更能從中感受與認同，因此，父母也可以從共讀時體會書中的童心與童趣，進而讀懂孩子的心。

以 1963 年莫里斯・桑達克（Maurice Sendak）的經典繪本《野獸國》為例，這本曾經榮獲凱迪克大獎的繪本卻曾被視為兒童不宜，還一度被列為禁書，但是在出版兩年後終於解禁，並成為暢

銷多年的經典兒童繪本。故事裡的主人翁是個名叫阿奇的小男孩，他大發脾氣，大吼大叫，發洩滿腔的憤怒，還說：「我想要吃掉你。」如同一頭小野獸，媽媽命令他上床睡覺，不准吃晚飯，這時，在房間裡的孤單阿奇以想像作為憤怒的出口，房間長出樹木，漸漸變成一座叢林，他穿梭其間，划著小船來到野獸出沒的島嶼，這個當下，好像野獸更像他的同類呢！即使是面露猙獰的野獸都比不過他的凶猛，大家畏懼他，覺得他是野獸中的野獸，推舉他為野獸國的國王。過了一陣子以後，阿奇發洩完憤怒的情緒，心裡空虛，他想家了，野獸們軟硬兼施，要他留下來，但阿奇還是駕著小船離開野獸國，回到思念的家。這時，他看到房間裡有媽媽為他準備的晚餐，而且還是熱的呢！

為什麼這一本繪本曾被視為兒童不宜？因為大人希望藉由繪本來教育孩子，也都認定書中的角色應該乖巧聽話，是孩子的好榜樣，但是《野獸國》書裡的阿奇憤怒時撒野、頂撞父母的言語和行為，讓大人擔心孩子讀了以後有不良的影響，然而，阿奇憤怒時的發洩舉動，也真實呈現孩子的生活面貌與心理狀態，小讀者同理阿奇的處境，隨著故事的發展，當上野獸國國王的阿奇不眷戀王位，他想念媽媽、想回家，因此，這本繪本並非要孩子模仿阿奇成為發洩憤怒的小野獸，而是從接納到紓解的情緒學習。同時，讀者是否注意到野獸國裡有兩隻野獸長得不太一樣，沒有銳利的腳爪，卻有一雙人的腳，這兩隻野獸在白天阿奇撒野時，將阿奇駝在肩上，夜晚時，也在帳棚外守護著阿奇睡覺，這兩隻野獸正是阿奇父母的「替身」，隱喻著父母愛的接納與等待，正

是阿奇不想繼續當野獸的轉變動機，而故事更耐人尋味的幽默是父母都覺得孩子是一頭小野獸，但是失控的憤怒父母在孩子眼中，不也是野獸國裡的野獸嗎？

在日常生活裡，孩子憤怒時的發洩行為往往被父母喝止，不准繼續搗蛋，但是情緒未被疏導，在父母面前偽裝與壓抑，暗地裡繼續搞破壞，或是被大人壓抑的情緒層層堆疊，日後爆發時往往更為激烈，如果這時父母也如一頭野獸一樣抓狂，孩子感受不到愛的期許，反而認定在媽媽眼中我就是壞蛋，就更不管三七二十一，繼續撒野，父母想導正孩子的行為就不見效果了。

其實，處理憤怒的情緒對大人而言，也是不容易的功課，從繪本中也可以反思自己是不是一個威權的父母，不允許孩子的行為有一點點瑕疵，一心一意要孩子當父母的乖小孩？然而，良善的心性與行為養成不是靠制約或指令規範，而是逐漸涵養而來的，這本繪本先同理孩子的心，跟著阿奇探索與成長，這樣的學習比大人說教更有效，同時，和孩子一起共讀繪本，回到童年，找回童心，更能貼近孩子的心，也更能省思為人父母的教養功課，從中學習成長，以智慧和愛溫暖守護與引領孩子。

因此，親子共讀不只是「讀」繪本，更是彼此互動與交流的通道，從中了解孩子的感受與想法，在講座裡曾經聽過家長這樣的分享：每晚和 4 歲的女兒共讀，常常故事說著說著，孩子就進入夢鄉。有一天晚上，她說完故事，女兒眼睛睜得大大的不睡覺，疲累的媽媽劈哩啪啦罵孩子一頓：「媽媽這麼辛苦，白天工作，晚上忙完還要為妳說故事，妳卻這麼不聽話，聽完故事後都

不睡覺！」參加親職講座以後，媽媽反省自己，不應該這樣就開罵，也要讓女兒說一說想法。當天晚上，女兒聽完故事後，眼睛一樣睜得大大的不睡覺，這時，她問女兒原因，小女孩說：「我睡著時，媽媽都幫我蓋被子，所以我雖然很想睡覺，也要忍著，因為我一定要等媽媽睡著後才睡，這樣才能幫媽媽蓋被子。」這時媽媽心中一陣暖意，更懊悔自己之前不分青紅皂白就臭罵孩子一頓，身為家長的我們是不是也常常這樣自以為是，不懂孩子的心呢？

🍎 從共讀找到適合孩子的教養方式

　　共讀除了理解兒童的心理，也更能了解寶寶的特質，孩子雖然出自娘胎，卻是獨一無二的個體，不是父母的複製，就像許多生了幾個孩子的家長常常分享，為什麼出自同一個娘胎，孩子的個性卻截然不同，用在哥哥身上很行得通的教養方式，卻無法同樣適用於妹妹。例如有媽媽分享兒子小時候做錯事，她要孩子去面壁思過，兒子淚眼汪汪照做了，等到生了女兒以後，她如法炮製，女兒卻說：「妳不知道站久了會累嗎？」在親子共讀的分享與交流裡，父母可以從互動中觀察與關心孩子，進而找出適合每個孩子的教育方式，例如：害羞膽怯的孩子可以運用激勵的方式，而自我要求甚高的孩子卻需要挫敗的撫慰。從孩子共讀的回應可以發現孩子的先天氣質，思考適合個別孩子的教育方式。

　　同時，共讀還可以幫助孩子多元探索，發現自己的天賦專長，適性發展。記得我的兒子高二時，決定報考大學音樂系，從

小不是讀音樂班的兒子雖然喜歡音樂，但這樣的決定是不是自不量力？是繁重功課的逃避還是志趣所在？我突然想到 3 歲時和孩子共讀的繪本《情緒、心情、感覺》的情景，書裡介紹了各種情緒的表現，其中有一個畫面是舞台上有小朋友在拉小提琴，另一個小孩在後台等待演出，記得當時共讀時問孩子：「在幕後的孩子這時是怎樣的心情？」很多的孩子都回答：「很緊張！」但是兒子卻睜大眼望著我說：「很期待！」於是，當 17 歲的兒子面對人生的抉擇時，這個小時候共讀的畫面告訴我：期待上台演奏的兒子，即使辛苦也能視為享受，將心力投入自己喜歡的工作上，才能擁有幸福的人生。果然，孩子準備繁重的功課之餘，還要抽出時間準備音樂術科考試，雖然看似壓力沉重，他卻甘之如飴，樂此不疲，並且也在音樂路上得到肯定，而這人生重大決定的關鍵卻是 3 歲時的共讀。

　　因此，許多父母一廂情願認為給孩子最好的一切，也常覺得自己過的橋比孩子走的路都多，所以孩子應該聽從父母的指導或意見，但只憑父母喜好的決定真的適合孩子嗎？不認同父母安排的孩子甚至覺得父母的愛是束縛或自私，理念不同，溝通不良，甚至起衝突，阻礙孩子人生的想望與追尋，或者更多的孩子卻是連自己想做什麼，能做什麼都不知道。在親子共讀時，孩子感受父母在身邊，用溫暖、輕柔的愛撫慰著他，親子的感情是聯繫在一起的，在這自在的空間裡，孩子的心更能自由翱翔，也從書中故事的思考與回應，探索自己的興趣與志向，父母也更能了解孩子的思維與特質，更能知道如何給予適切的需求與教養，和孩子

一起走在成長的道路上。

🍎 教養小孩是人生的修練

　　常常有家長覺得教養小孩勞心勞力，為了養育兒女犧牲許多人生的享受，甚至放棄原本的生涯規劃，若是循著這樣的思考，共讀也就是一項負擔了。曾經有家長分享和孩子共讀繪本《禮貌》的經驗，這本繪本講述禮貌的意義，並要幼兒分辨各種禮貌和不禮貌的行為，其中一頁的情境是有人從椅子上跌下來，A 說：「吵死了！起來。」B 說：「你為什麼不坐好？」C 說：「哦！我扶你起來。」要讀者找一找哪一種是有禮貌的行為？結果孩子說：「我覺得是 C，但是爸爸平常是 A，媽媽和 B 說的一樣，我也不知道哪個才是正確的答案。」親子共讀是教養者最好的提點，像是透過一面鏡子來觀照自己，不只不要成為孩子不好的示範，更得以在共讀裡一起共學共好，朝著美好的想望行去，這更是親子共讀更美好的意涵。

　　因此，養小孩不會讓生活更輕鬆，但卻是人生的修煉，如同德國教育家福祿貝爾（Friedrich Wilhelm August Frobel）所言：「教育孩子無他，惟愛與榜樣而已。」父母從中涵養修為，成為孩子的好榜樣，不只孩子需要學習，大人亦是，那麼，是否也應該從自己開始做起，若大人自己都不愛閱讀，不願學習，要求孩子做到就更難了。也許為了不讓孩子沉溺於電視機前，自己就不再像以前一樣，窩在沙發上一整天，而是以身作則，和孩子一起共讀，提升生命的品質，一起成為更好的人。

🍎 親子共讀是親子感情的存摺

孩子小的時候，父母忙得如同蠟燭兩頭燒，總是希望孩子快快長大。歲月更迭流轉，孩子終於長大了，離家求學或工作，空巢期的父母頓時覺得孤單落寞，好像青春都葬送在育兒裡，什麼也沒能留下。因此，曾經聽過一位媽媽這樣分享：孩子長大離家後，一陣強烈的失落感襲來，但從書櫃裡的童書憶起了與孩子共讀的鮮明回憶，雖然事隔多年，心中的溫暖與甜蜜很真實的存在著，覺得充實而幸福。

著有《繪本之力》的日本作家柳田邦男曾分享喪子後的心路歷程，起初總是走不出孩子逝世的傷痛，有一天逛書店時，來到童書部，看到以前孩子讀過的繪本，他一本一本的翻閱，從繪本找到了溫暖與慰藉，逐漸撫平了喪子之痛，所以他也成為繪本閱讀的推廣者，殷切的告訴父母，閱讀不只是為了孩子，也是為了自己。

我也記得兒子長大後離家求學，放假回家後，喜歡來到我的書房，站在書櫃前，一一翻看這些小時候讀過的書，還不時地說：「我小時候讀過這本對不對！」「小時候讀這一本時……」以共讀的書為橋梁，引領我們穿過時光隧道，以前的情景一一浮現，回到共讀的甜蜜時光，我知道兒子想藉由這個話題傳遞他的心意，世代不同的思維、不同的生活體驗使得父母覺得與孩子的心靈距離看似越來越遙遠，但因為這些共讀的時光，拉近了彼此的距離，親密的感情也不曾遠離，這樣的愛與溫暖讓父母得以溫

存親子甜蜜的感情，為離家的孩子儲備了前行的動力，建構了疲憊時的溫暖港灣，這就是家庭最大的財富了。

🍎 共讀紓解父母的壓力

現在孩子生得少，父母把心力都關注在孩子身上，一有風吹草動，神經跟著緊繃，深怕有什麼閃失，新手父母更是戰戰兢兢，尤其是現代資訊發達的多元社會，充斥著各種養兒育女的法寶或教養方法，常形成父母的焦慮與壓力，別人家的孩子學什麼，就立即跟進，深怕孩子沒學到什麼，就輸在起跑點上。與其心煩意亂，無所適從，不如就讓親子共讀來紓解情緒吧！如同本書前文提及的親子共讀對孩子的助益，在不知和孩子做什麼的焦慮時刻，或是忙完一天辛勤工作後，就和孩子一起共讀吧！不用想著要教孩子什麼，不用掛慮孩子有學到什麼，繪本畫面的視覺美感以及純真的童趣，讀起來輕鬆愉悅，就和孩子一起享受共讀的幸福時光吧！

曾經有一位小兒科的醫生也分享了親子共讀對於家長紓解壓力的助益：一位幼兒的媽媽因為孩子哭鬧不已而疲憊不堪，醫生建議和孩子共讀，在這共讀時光裡，孩子被故事吸引，不再哭鬧，這不只給了孩子很好的撫慰，父母也因為說故事當下的情境投入，忘了身心的疲憊，看著孩子純真的臉龐、可愛的笑容，聽著稚嫩的童音，交流著親密的語言，這時就會覺得擁有孩子是人生美麗的祝福，一切辛苦都值得了，這也是疲累的父母很好的紓壓與放鬆。

🍎 共讀帶給父母的成長

不要以為繪本只是給孩子的讀物，最近，喜歡讀繪本的成年人逐漸增加了，同樣的繪本不同年齡的人讀了，因為生活經驗不同的觸動，各有豐富的體會，日本作者柳田邦男也曾提出人生三讀繪本的理念，幼時「悠遊」繪本，為人父母時的「伴讀」繪本，外加成人的「品茗」繪本。

在我的繪本課裡，學員們有的是為了涵養孩子的閱讀興趣而來，有的為了親子共讀的增能而來，但也真的如柳田邦男所言：在人生每個階段讀繪本，都有不同的觸動與領悟，或是重拾了童年純真的快樂，發現簡單生命裡純粹而深邃的美好；或是打開繪本，回歸初始心，很多看似紛擾糾結的難題，瞬間看清問題的核心，重新調整生命的行履。尤其是隨著年紀增長，視力老化，記憶力消退，頁數多篇幅長的文字書讀不來了，這時繪本即是最好的讀本，對於人生經歷豐富的老年時期更有深刻的體會與共鳴，繪本因而成為一輩子學習成長的好陪伴。和孩子共讀的父母，若小時候來不及讀繪本，也和孩子共讀時細細品味繪本的樂趣，讓這些共讀的回憶，陪伴兒時、為人父母時的歲月，也為晚年的生活儲備豐美的底蘊。

同時，研究也發現：與寶寶共讀不只寶寶可以累積語彙，促進腦部發展，原本不常閱讀或詞彙量不多的成人，與孩子共讀時更有機會使用到口語不常使用的語詞，也同時強化了自己腦部功能，親子一起越讀越聰明。

　　因此，打開書本，與孩子共讀吧！有閱讀觀念、習慣的家長幫助孩子的學習事半功倍，也為父母分擔教養的疲累，並且從共讀裡了解孩子的心，教養變得更容易，同時，共讀還可以為父母紓壓，也是成人最便捷的終身學習的途徑。做個優雅的智能父母，讓親子一起從共讀裡感受生命的價值，創造美好的生活，看到希望的未來，這就是共讀同時給孩子及父母珍貴的禮物。

Chapter **10**

故事力量大：
做一個快樂的故事人

　　故事是培養孩子閱讀興趣與能力的美好起始，如果抱持著守護下一代的美好願景，說故事就是最直接簡易卻影響深遠的行動。

　　親子共讀的廣義解釋是親子共讀一本書，不限於讀什麼書，而說故事是共讀時光裡最常進行的活動，因為好聽的故事吸引孩子的興趣，一本故事繪本也更容易接引孩子走入閱讀的天地，同時藉由故事傳遞珍貴的生命禮物。如同我們送禮物時會精心包裝，是送禮者滿滿的心意，也能吸引收禮者的注意，想要一層一層打開，看看裡面是什麼。故事就像這禮物的美麗包裝，觸動閱讀的動機，共讀時也如同拆開層層包裝禮盒的探索，過程充滿期待與想像，和故事中的角色一起心情起伏跌宕，這個過程也正是聽與說故事者置身其中，忘了時光飛逝的獨特享受，所有的心性啟迪也在故事的感同身受裡潛移默化，接收了故事裡的生命禮物。

🍎 繪本故事力

　　著名的《一千零一夜》故事敘述被強行擄來當國王新娘的女子，在新婚之夜為國王說故事，天亮時故事未講完，國王意猶未盡，取消隔天殺掉新娘的命令，希望繼續將故事聽完，因為國王聽得津津有味，女子在無盡的長夜裡說了一個又一個的故事，終能免除了殺身之禍，一個個故事也改變了國王的心性，不再濫殺無辜，這也說明了故事的力量。

　　雖然繪本有多元的內容呈現，但是大多數人對於繪本的印象就是它以圖文搭配有趣的故事吸引讀者，這也是親子共讀的最佳觸媒，只要拿起繪本為孩子說故事，就能順利開始親子共讀的實踐，並且在故事裡豐富孩子的想像力，充實語彙、增進聆聽和理解能力，研究也證實：早期聽讀故事對於日後孩子的閱讀品質及學習能力有極其關鍵的影響，同時，親子悠遊故事情境的感思交流，也能促進良好的親子關係。不知道如何進行親子共讀？就從打開繪本，為孩子說故事開始吧！

🍎 快樂的故事人

　　故事可以是培養閱讀興趣與能力的美好起始，如果抱持著守護下一代的美好願景，為孩子們說故事就是最直接簡易卻影響深遠的行動。在圖書館、書店以及學校的晨光時間裡，都可以看見許多「故事人」為孩子說故事的身影，早期因為媽媽參與居多，所以就廣泛以「故事媽媽」來稱呼，近年來，更多爸爸、爺爺、奶奶、職場退休的人士以及喜愛繪本者，也紛紛參與說故事的行

列，因此就以「故事人」稱之，圖書館、學校或社會機構等也興起故事團的組織，許多縣市也有志同道合的夥伴自主成立故事協會等相關組織，拓展更有影響力的親子共讀推廣活動，嘉惠更多的孩子們，同時也舉辦各種說故事的培訓，充實說故事的知能，提升說故事的品質，也能產生互相支持與支援的團體動能，或者通過故事團體的窗口，轉介更多有說故事需求的場所，在家裡沒有親子共讀經驗的孩子，也能藉有故事人的接引，親近故事，愛上閱讀。

許多家長在孩子小的時候加入故事團，原意是為了充實親子共讀的知能和說故事的技巧，也因為這樣的機緣，除了在家裡力行親子共讀的實踐，也能夠為更多的孩子說故事，像是晨光時間進入孩子的班上說故事，帶動班上的閱讀風氣，或者也藉由故事團的規劃，在全校各班級說故事，讓孩子因為好聽的故事，觸動閱讀的動機，進而養成閱讀的興趣與習慣；或者在圖書館的說故事時間「值勤」，父母帶著孩子前來聽故事，聽完故事後順便借幾本書回家讀，父母也從中學習親子共讀的方法。很多故事人都有這樣的經驗：一本書放在書櫃裡乏人問津，但是只要故事人拿起書來說故事，隨後就有小朋友搶著看這本書，因為故事觸動了閱讀這本書的動機，想要拿起書再親自細細品味，以自己決定的速度翻動前後書頁，啟動了自主閱讀的行動，或者喜歡這本書以後，因為聽故事的先備經驗，更能發展書本與自身更多感受與思考的連結，所以一而再、再而三的重複閱讀，這即是從聽故事接引閱讀興趣與能力的實踐。因此，這些年來，故事人不只為小小

孩說故事，也到偏鄉為國中生說故事，希望能夠藉由故事帶來的力量，給孩子一個親近閱讀的機會，進而看到希望，改變未來。

　　那麼，故事人為什麼可以樂此不疲？本來只是為了自己孩子的成長說故事或參與故事團體，孩子長大後卻還是願意成為故事志工，繼續為更多的孩子說故事？許多爺爺、奶奶以及職場退休人士也願意以說故事豐富自己的人生下半場，除了知道說故事對孩子的助益，更是因為說故事時孩子專注的臉龐、純真的笑聲與話語，感受到童心童趣的快樂，以及故事時光裡愛與美善的真誠交流，不只是孩子生命的滋養，也是故事人生活的洗滌與生命價值的實踐。故事人走在校園裡，此起彼落的孩子問好聲，或是背後一個熱烈的擁抱，都是說故事的支持力量，也常看到許多爺爺、奶奶來上故事培訓課，本來只是想盡一份服務社會的心力，上完課以後，很懊惱在自己孩子小時候沒能這樣親子共讀，更樂於當個故事爺爺、奶奶，為孫子及更多的小孩說故事，同時自己也從中得到說故事及讀繪本的美好愉悅。

　　因此，說故事的潛移默化不只是故事的內容，更是說故事行為發揮的影響力，如同繪本《花婆婆》一樣，小女孩小時候聽爺爺說故事，油然升起讓世界更美好的想望，因為故事埋下的美麗種子，終能成為生命前行的指引，也成就了自己的生命價值，創造了幸福的人生。故事傳遞了珍貴的生命禮物，也是文化的傳承，快樂的故事人也如一個希望的園丁，在孩子的心裡，悄悄播撒了美善的種子。

實踐篇

親子共讀
甜甜圈

Chapter 1

小繪本大世界：
繪本賞析到故事演奏

　　與孩子共讀的大人可先了解繪本的屬性與特色，除了文字說的故事，也能讀懂圖像說的故事，藉由親子共讀的引領，說出圖文共鳴的精彩故事。

　　繪本是嬰幼兒早讀與共讀的主要書種，而大人正是寶寶與書本的媒介，透過共讀和說故事的聲音傳遞、圖像的連結，開始寶寶閱讀的起始。

　　既然以繪本進行共讀，就來認識繪本的特性。英文「picture book」同時譯為「圖畫書」或「繪本」，這是以圖畫或圖畫搭配文字，藉由連貫的頁面來呈現內容與傳遞意念的書種。有的繪本只有圖，有的繪本有圖有文字，而根據圖文的比例又有圖為主、文字為輔，圖文並茂以及圖少字多等形式，因此，繪本不一定有字，但是一定有圖，因為繪本的圖像特質，不識字的嬰幼兒就從眼睛看、耳朵聽開始，進入閱讀的天地。而優秀的繪本也在於精彩的圖像表現，因此，看繪本時除了關注文字描述的內容，也必

須懂得「讀」圖，如同研究圖畫書的學者珍‧杜南（Jane Doonan）在《觀賞圖畫書中的圖畫》書裡說的：「不了解圖像如何傳情達意並不影響閱讀繪本的樂趣，不過，卻局限了對繪本的理解。在圖畫中發現可以咀嚼之處越多，那麼，我們接收的就更豐富。」

　　然而，大人讀繪本時往往只專注文字，忽略了圖像，甚至還覺得沒有幾個字的書怎麼和寶寶共讀？因此，與孩子共讀的大人除了繪本裡文字說的故事，也要能讀懂圖像說的故事，才能說出圖文共鳴的精彩故事。

🍎 認識繪本的圖像語言

　　大體而言，圖像表現有指涉（denotation）和示意（exemplification）兩種基本的方式，「指涉」是具體描繪出物件、場景等等，像是嬰幼兒「指物認名」功能的繪本，就常常以這種圖像來呈現，搭配圖像物品的名稱，大人指著書中的圖像，念出物件的名字，寶寶就可以結合圖像的認知與共讀者念出的圖像名稱，從看到聽，漸漸能說會讀。而「示意」則是藉由圖像特性的象徵來傳達意念、情緒等意涵。像是：自由、喜歡、愛、美……等等感受，在圖像表現上，可能畫的是小鳥在天空飛翔，傳遞自由的意念，或是母親溫柔抱著小孩的畫面，讓讀者油然升起「愛」的感受。

　　如同文字作者一筆一劃寫成文字，組合成詞句、段落、篇章等語意符碼，傳遞訊息或意念，優秀的繪本創作者也透過「圖像

語言」的精準應用，以繪畫的元素作為「示意」的媒介，從圖像語言傳遞「圖感」，這些圖像語言包括繪圖時線條、造型、構圖、顏色、象徵與細節的應用。

線條

以粗細剛柔各種線條畫出的形狀與物體，各有不同圖感的呈現。細緻柔軟的線條可以描繪溫柔的感受，雖然肉眼看不到風，卻也可以透過歪斜樹木流動的線條，呈現輕風拂過或颶風颳過的感知。線條也可以勾勒出臉部的表情，傳遞角色內在的心情，嘴角線條往上勾勒出上揚的嘴角，有如看到臉上的微笑，也感受到角色的好心情；若嘴角下垂，則傳達了沮喪或失落等情緒。因此，若是繪本文字這樣寫著：「這是我的媽媽。」單從文字只能得知畫面中的女性是誰，但藉由圖像的線條輪廓與表情勾勒，可以進一步得知媽媽的心情。

線條畫出圓圓的太陽，畫出傾盆大雨，也藉由嘴角上揚或下垂的線條表現，傳達了開心或悲傷的心情。
（《越來越愛你》，作者：艾瑪‧達德（Emma Dodd），譯者：李貞慧，時報文化）

造型

這是書中角色或物件樣貌及動作的描繪，從畫面裡角色的姿態、穿著或動作等等可以輔助情節的敘述，進一步探知角色的處境、性格、感受或想法，對於繪本內容就有更多的發現，從情節讀入書中角色的所思所感，更能理解故事的意涵。

從畫面裡媽媽的姿態或動作等造型，對故事裡的媽媽有什麼發現與了解呢？
（《世界上最棒的媽媽》，作者：派翠西亞・查普曼（Patricia Chapman），繪者：凱特・查普曼（Cat Chapman），譯者：蘇懿禎，時報文化，圖片來源：https：//www.books.com.tw/products/0010759223？sloc=main）

構圖

構圖指的是畫面裡各種人與物的比例大小及擺設位置，像是角色在頁面的中央還是旁邊，占畫面多或少的空間？角色彼此的相對位置或是距離如何安排等等，讀者可以從而感知角色的心理狀態，或是彼此之間的關係。以這本《你的一切》為例，從封面到書頁裡親子的各種構圖，透過這樣的「圖感」輔助文字的敘

述，傳遞意念的流動，將這本書想要傳遞的穩定、親密的親子關係生動的表現出來。

（《你的一切》，作者：艾瑪・達德（Emma Dodd），譯者：李貞慧，時報文化，圖片來源：https：//www.books.com.tw/products/0010891254？sloc=main）

顏色

　　顏色有心理暗示的作用，例如在色相的運用上，紅色常有熱情、危險警示或是激昂情緒的投射，也有文化上喜慶的聯想；顏色的明度與彩度的表現，或是前後明暗的變化或對比，也有圖像語言的功能，例如：高彩度彰顯了情緒張力，低彩度則反映柔和或沉靜的心情；畫面的背景顏色也常是心情開朗或沉鬱的情境暗示，搭配書中其他的圖像語言運用，就能讀出繪本的情緒與意涵，例如：在繪本《花花是三毛貓》裡，柔和的色彩傳遞了溫馨的氣氛，而《魯奇歐與呼哩呼哩——好大的西瓜喔～》裡，黑貓魯奇歐與黑白貓呼哩呼哩在院子的樹蔭下發現了一個大西瓜，他

們心想：「若能在海邊把西瓜賣掉的話，說不定就能買到愛吃的鮪魚囉！」從西瓜的彩度搭配文字敘述，聰明的讀者也能感受到角色期待的心情。

（《花花是三毛貓》，作者：土井香彌，譯者：盧慧心，時報文化，圖片來源：https：//www.books.com.tw/products/0010824091？sloc=main）

（《魯奇歐與呼哩呼哩──好大的西瓜喔～》，作者：庄野菜穗子（Naoko Shono），譯者：盧慧心，時報文化，圖片來源：https：//www.books.com.tw/products/00107905 18？sloc=main）

象徵

　　因為意念、感受是看不到的，但繪本作者會運用具體物體的特質，作為「意念」的傳遞，例如：以小鳥在天空飛翔傳遞自由的意念。又如繪本《走失了，怎麼辦？》裡，車車小樂和媽媽準備出門兜風，媽媽車子的愛心形狀車燈正是傳達母愛的象徵，於是讀者就可以讀出繪本裡豐富的意涵。

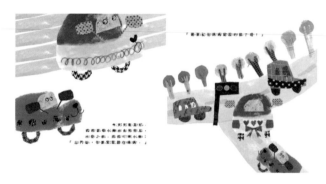

（《走失了，怎麼辦？》，作者：蠟筆哥哥，繪者：Waha Huang，時報文化，圖片來源：https：//www.books.com.tw/products/0010860055？sloc=main）

細節

　　有時，作者會在畫面加入小細節，等著讀者去發現，創造閱讀如躲貓貓一樣的趣味，或是提供了更多書本意涵的探索線索。例如：這本《假裝去睡覺》，說的是兔爸爸及啵啵妮的故事，但每個頁面裡都有貓咪出現在角落或場景裡，細心的小讀者看了幾頁以後，發現畫面上都藏有小貓咪，就想要繼續讀下去，看看接

下來是否還會有貓咪出現，又會藏在哪裡，引發閱讀的動機與樂趣。另一種細節的功能則是主題的線索，讀者追隨著故事，也從細節的引領進而深入探究，透過讀者的發現與思考，更多的故事意涵就在其中了。

雖然書裡說著兔爸爸和啵啵妮的故事，但每一頁都有小貓咪出現，姿態各不同，小朋友發現了嗎？這樣的細節創造了閱讀的小趣味。

（《假裝去睡覺：啵啵妮晚安繪本》，作者：蠟筆哥哥，繪者：啵啵妮，時報文化，圖片來源：https：//www.books.com.tw/products/0010820268？sloc=main）

🍎 從繪本賞析到故事演奏

　　了解上述繪本的圖像語言，藉此深入解讀繪本，在共讀時傳遞的就不只是故事情節，更能發展生動的聲音表情，說出情節背後的感受與意涵。如同樂曲演奏者拿到樂譜後，先解讀作曲者藉由音符創作的旋律想傳遞怎樣的情緒、心情與想法，接著思考如何從音色、音量以及快慢節奏的調度、演奏風格等等來適切詮釋，說故事又稱為「繪本演奏」，也像演奏時多樣技巧的運用，不只是旋律的輸出，更是作曲者意念的傳遞，而說故事也不只是故事內容的傳輸，更是意涵的潛移默化。

　　因此，和孩子共讀繪本時，藉由圖像語言的輔助，從圖像讀出圖感，從圖感接引語感，不單單固著於圖像或文字，而是從圖像語言涵養「圖感」，進而從圖像感知發展「語感」，觸動情緒、心情與感思，接應文字語感的領會，例如文字寫著：樹是這樣的美好，而繪本的圖畫裡可以看到樹上有鳥巢，樹是小鳥溫暖的家，樹上結了甜美的果子……更能深刻體會「美」這個字的涵義。以繪本賞析後的體會，轉化為生動的聲音表情，營造故事的情境，或是讀出角色的心情，例如：表現緊張的情緒時，音速變快、音量提高，音色尖銳，因為情感到位，就能說個生動的故事。比起視頻或音頻裡永遠都是優美聲音的播送，這樣的共讀更有生命的溫度，孩子也更能享受聽故事的樂趣，並能觸動感受和思考，從形到意的探索，讀出日後深刻的閱讀力，對於圖多字少或無字的繪本，也能因為圖像語言的掌握，說出完整的故事；或

是與孩子一起從圖像的觀察與探究，發現更豐富的線索，進行互動與討論。

　　從繪本深入賞析輔助故事的生動演奏，相信寶寶可以從圖感、語感以及美感的涵養，從書本得到良好的陶冶。同時，與寶寶共讀的大人也會發現：繪本閱讀並非是成人以知識、經驗凌駕於孩子之上的單向傳輸，而是引領孩子以敏銳、細膩的觀察，啟動豐富的想像與感受力。在這樣開放的共讀情境裡，你會驚訝孩子讀圖的能力比大人強多了，也可以發現許多大人忽略的圖像語言，這時就來跟孩子一起探索更豐富的訊息，展開更多的思考與探究，一起發掘閱讀過程中的種種驚奇與美好，並且從中有所領會，看見小繪本裡的大世界，這時就更能了解共讀的真義：共讀不是陪讀，不是大人乏味的照本宣科，或利用來說教的教材，而是與小孩一起共學共好的對等享受。

Chapter 2

親子共讀的多元技巧（一）：
對話式共讀

從孩子聽，進而鼓勵孩子說，在一來一往的對話互動裡，對於促進寶寶的語彙表達能力、腦神經的連結和心智發展有極大的助益。

在寶寶接觸閱讀的起始，重點不在於知識的灌輸，而是閱讀興趣與習慣的養成，並且擴充語彙量，刺激神經元的連結，促進寶寶腦力的發展。

1988 年，美國的懷特赫斯特（Grover J. Whitehurst）博士提倡的「對話式共讀」即是根據上述理念的共讀實踐，藉由共讀情境營造語境，和寶寶多說話，也隨著寶寶逐漸長大，鼓勵牙牙學語的寶寶也說出自己看到的、想到的，一起完成說故事或共讀行動。

🍎 PEER 的對話式共讀

懷特赫斯特（Grover J. Whitehurst）博士提出的「鼓應擴複」

（PEER）的共讀四步驟，可作為與小寶寶互動式共讀的參考。

Prompt（鼓勵）

　　與小寶寶共讀時，可邊講邊指著書中的圖像提問：「這是什麼？」或是「你看到什麼？」漸漸的更聚焦於書中情節的提問：「小熊怎麼了？」「發生了什麼事？」「小熊和媽媽在做什麼呢？」……。不只是父母說，鼓勵寶寶一起參與，儘量以開放式的提問取代封閉式的問句：「這是不是蘋果？」或是問「這是蘋果，對不對？」讓孩子有更多回應的空間，在一來一往的互動中，一起共讀。

Evaluate（回應）

　　小寶寶可以用手指出看到的圖片，大人以言語回應寶寶手指的圖片，例如：「這是蘋果。」大一點的寶寶若說出他所看到的，這時父母可以給予正面的回饋，例如，寶寶說：「小狗遇見好朋友了。」父母可以說：「哇！好棒，小狗遇見好朋友了。」或是寶寶說：「小狗肚子餓！」父母回應：「喔！可憐的小狗肚子餓了。」若寶寶說的是錯誤的語法或詞彙，大人回應正確的用法，協助寶寶學習，例如：「這看起來很像馬，但這是一隻驢子。」

Expand（擴充）：

　　繼續擴充寶寶的語彙，並且適時補充書本的內容，例如，父母說：「小狗遇見好朋友了，他很開心。」「小狗肚子餓了，他東

瞧瞧、西看看，想找東西吃。」「對！這是一個大大的紅色蘋果！」「看起來很像馬，但這是一隻驢子，一隻耳朵長長的驢子。」

可以講慢一點，清楚一點，並且將之前說的語彙做更多靈活的連結，例如，孩子說：「畫面上有個小女孩。」「媽媽在煮飯。」「她在畫畫。」這時就可以串連這些句子，並且補充更多的訊息，說出完整的句段：「媽媽在煮飯，小惠在旁邊畫畫。」

寶寶還小時，語句不要太長，慢慢的再擴充較多的詞彙或較長的句子，以免不能理解而失去興趣。

Repeat（複誦）

讓寶寶有機會複述剛剛聽到學到的句子，例如，父母說：「所以，小狗遇見誰了？」「肚子餓的小狗怎麼辦呢？」「喔！你學到了，這不是馬，是什麼動物啊？」若是寶寶語彙表達得不完整，親子可以一起完成句子。

從上述的過程可以發現：所謂的「對話式共讀」就是大人啟動說話的語境，和孩子從書本的情境一起發現、一起說，在一來一往的互動裡，適時修正與擴充，從中刺激孩子的語言與認知的發展。

對話式共讀的 CROWD 原則

同樣以這樣的理念為基礎，美國國家閱讀研究委員會提供的 CROWD 原則，可以和上述 PEER 的共讀方式相互對照，在共讀時靈活運用。

C：completion（完成）

　　藉由父母的引領，親子一起完成共讀，也就是刻意營造讓孩子可以參與互動的空間。例如，大人說：「這時小熊阿吉抬起頭來，看到了……」讓寶寶根據聽到的及圖像的觀察，以手指出或說出句子的後半段，若有困難，可以拉起寶寶的手，指出圖片裡的訊息，或是在寶寶不能順暢說出字詞或句子時，大人先說，寶寶跟著模仿，若沒看到圖像，也能發揮想像力，一起來創造故事。

R：recall（回想）

　　如同 PEER 的第四個步驟：複誦，藉由句子重述，回想剛才的學習，促進大腦神經元的連結。較大的寶寶還可以從回想統整剛剛讀到的內容，像是「書中有誰？」「發生什麼事？」「結果怎麼樣？」有助於發展故事的概念和敘事能力，若是孩子喜歡重複看同一本書，就來玩回想故事的遊戲，更能得心應手。

O：open-ended question（開放結局的提問）

　　儘量以較開放的提問取代只能回答「對」或「是」的問題，讓孩子有更多的表達空間，例如：以「小熊阿吉遇到誰？」取代「小熊阿吉遇到好朋友妮妮對不對？」讓孩子得以啟動觀察與思考，並且學習靈活表達，而不是只能當應聲蟲。

W：wh-question（「什麼」的提問）

延伸開放式提問更多元的形式，幫助孩子順利回想及複誦故事，並且提供更寬廣的表達語境，例如：

what：「你看到什麼？」

who：「故事裡有誰？」

why：「為什麼小熊阿吉遇到妮妮很開心呢？」

where：「故事發生在哪裡呢？」

when：「小熊阿吉在什麼時候遇到妮妮呢？」

D：distancing question（延伸的提問）

將共讀的內容連結孩子的生活經驗。例如：「小熊阿吉看到好朋友妮妮很開心，想和妮妮分享他喜歡的蜂蜜，你會想和好朋友分享什麼？」延伸學習應用，促進腦神經元的密集連結，發展更靈活的語言能力。

遇到這些問題怎麼辦？

寶寶不說話

進行互動式共讀時，調度孩子的意願是很重要的，當寶寶不願意互動時，先觀察孩子的狀況，是不是大人要求太高，孩子語彙能力不如預期，因此無法回應？這時就從簡短的語詞對話開始，由大人指著書中的圖片，先說給寶寶聽，或是和寶寶一起完成句子，在自在與有安全感的情境裡，寶寶願意跟著說，或者可

以先從一些可以互動的繪本開始，如同玩遊戲般進行互動，千萬不要將場面搞得像口試一樣，不然孩子就退避三舍了。

近來在講座時，常有父母提到孩子不想共讀怎麼辦，我發現這樣的父母常常帶著急切的眼神與繃緊的臉龐，那麼孩子看到父母的臉，也會覺得有壓力。同時，這樣的父母選書也常因為求好心切，超過了孩子的認知能力，在這種不愉悅的閱讀情境下，當然興趣缺缺。就從簡單有趣的書開始，和孩子輕鬆自在的說話、聊天，相信在父母溫暖的語言、和藹的笑容與愛的懷抱裡，孩子會很享受這樣的共讀時光，並且樂於表達與分享。

另外，有的寶寶天生較害羞或較謹慎，雖然知道，但沒自信說或是怕說錯，這時，大人的鼓勵與讚美是很重要的，例如：從簡單的提問開始，像是：「蟲蟲在哪裡？」對於寶寶的回應，可以熱情的說：「哇！好棒啊！媽媽都沒發現耶！」激勵寶寶樂於回應與分享，促進主動參與的意願。

寶寶未能正確回應

若孩子回應時語詞錯誤，有家長會擔心若指正錯誤，孩子是否會感到挫折就不想說了？或是孩子高興就好，不需太在意，否則孩子會感到壓力。然而，這正是寶寶從錯誤中學習的好時機，大人不用直接指責或糾正孩子，像是：「你錯了，這是驢子，不是馬。」可以換個溫柔的方式：「嗯，看起來很像馬，但這是驢子。」從孩子的知識背景進一步延伸，不全盤否定，態度也不要太嚴肅，孩子就不會那麼緊張，儘量從孩子的回答因勢利導，肯

定孩子的用心，也願意從中探索學習，不讓孩子因為害怕犯錯，對任何的嘗試踟躕不前。

從上面的原則與實踐，家長就可以清楚「對話式共讀」對於促進寶寶的語彙表達能力、腦神經的連結和心智發展有極大的助益，漸漸的孩子也能夠輕鬆自在的分享共讀的發現，表達任何想法，聊一聊感受……，也為接續的共讀日常奠立良好的基礎。

Chapter ③

親子共讀的多元技巧（二）：
大聲為寶寶朗讀吧！

打開一本書，以溫暖的言語與書裡的圖文交織成親子心靈的親密交流，大聲為孩子朗讀吧！

隨著孩子逐漸成長，適讀的繪本形式更為多樣，這時可以根據繪本的屬性靈活調度，運用更多元的共讀技巧，例如：幼兒漸漸從圖多字少發展到圖文並茂的繪本，這時也適合用朗讀的方式，讓孩子靜靜地聽，感受豐富語彙的表現，涵養語感。然而，無字的繪本無法朗讀，文字少的繪本光靠誦讀也漏失許多圖像內容的發現，也許整合圖文訊息的口語敘述法更為恰當；另外，議題或互動式的繪本更適宜在共讀時進行互動與討論。

這一章先來介紹朗讀法，也就是直接念書給孩子聽，既然如此，許多家長認為播放故事朗讀的音頻或視頻不就可以了嗎？也比父母念的更專業、生動，然而，許多實驗與研究證明，即使專業朗讀悅耳動聽，孩子愛父母朗讀更勝於聽音頻或看視頻，因為父母的聲音與愛的連結、共讀時的溫暖懷抱，都不是隨意就可以

取代的。

朗讀對孩子成長與學習的助益

累積豐富的語彙

　　嬰幼兒時期累積的詞彙量對於日後的語言發展與學習能力有著關鍵性的影響，在牙牙學語的階段，為孩子朗讀，寶寶就能吸收與累積比日常用語更多的詞彙量，並且藉由故事情境的輔助，刺激記憶力及認知的發展，如同本書前面章節提及的，這是讀寫萌發期很好的滋養。

　　有一次，我到一所幼兒園培訓老師，講座結束後正是放學時間，我和園長在校園裡聊天，一位大班的小女孩在旁邊閒逛，等家長來接她回家，那時是秋天，樹葉紛紛飄落，這時，我們聽到小女孩說：「哇，好淒美的落葉喔！」我們驚訝於小朋友語彙的優美，起初以為聽錯了，就問她：「妳剛才說了什麼？」小女孩又重述了一次，正是剛剛聽到的語彙無誤，這時一旁的老師覺得這句話好熟悉啊！原來這語彙正出自於早上朗讀給小朋友聽的繪本，此時校園情境跟書裡描繪的相似，小朋友並不知道什麼叫作語彙優不優美，只是面對同樣情境時，先前置入腦中的語彙正好可以用來表達此時的情境，就順勢輸出了。

　　記得兒子 3 歲時，姑姑來家裡做客，全家一起去吃火鍋，坐定後，孩子對姑姑說：「佐料請自取。」姑姑驚訝這麼小的孩子竟能說出「佐料」這個詞語，這時服務生來點菜，介紹餐廳的環

境，接著也說：「佐料請自取。」姑姑這時才知道孩子的語詞從何而來，這也說明了生活環境影響孩子語彙的發展，一般父母對孩子說話時常局限於生活慣常用語，縱使常對孩子說話，孩子習得的語彙還是很有限，因此，為寶寶朗讀，就可以從書中習得更多的語彙。

然而，常有家長和孩子共讀時，覺得孩子應該不懂書中看似艱深的語彙，就替換簡化的語詞來敘述故事，例如，將書中寫的：「怒髮衝冠」、「火冒三丈」說成「非常非常生氣」，但是若選擇了適齡的繪本，孩子已懂得書中六、七成的詞彙，藉由圖像輔助，又有故事上下文的串聯，在原汁原味的朗讀時，孩子也會推論陌生語詞的意義，因為詞彙的理解不是靠單字的認識，而是從字到詞的語意編碼而來，例如：孩子知道「包」子，也知道「容」易，但不見得就會懂得「包容」的意思，因此，這時也不用擔心孩子不懂「怒髮衝冠」、「火冒三丈。」的意思，藉由朗讀可以從情境營造語境，學到這個新詞，並且理解意思，順利內化在自己的詞彙庫裡，生活中遇到相同情境時就能活學活用。

豐富的語彙不只有助於學習，也影響情緒管理，曾有小兒科醫生表示，常常有小孩說不出自己的病痛，例如：肚子痛時只會喊痛，無法描述是「悶悶的痛」或「絞痛」等等病狀，因此只能以哭鬧來發洩情緒。能夠靈活運用各式語彙來表達的孩子，情緒較為穩定，同時，也更能夠與人順暢溝通，建立良好的人際關係。

培養專注力與感受力

另外，能夠靜靜聽父母朗讀的孩子，沉浸於書本的情境，無形中也培養了專注力。能夠專注的孩子學習效率高，同時也更能仔細感受書裡傳遞的感動與美好，滋養柔軟善良的心靈。在現今五光十色強烈刺激感官的生活裡，這專注力與感受力更是孩子的珍貴禮物，如同老子在道德經裡說的：「五色令人目盲；五音令人耳聾；五味令人口爽；馳騁畋獵，令人心發狂……」如同過多的調味無法品嚐食物原來的美妙滋味，過多的刺激也容易麻痺感官與心靈，朗讀如同品嚐原汁原味的能力，有所感更能有所得。

🍎 適合朗讀的繪本

一般而言，適合朗讀的書有以下幾種：一是圖文並茂的書，有足夠的文字讓父母念給孩子聽，二是讀來深情易感的書，在靜靜聽故事的當下，也能培養專注力與感受力，再來是童詩與兒歌，藉由朗讀讀出文句的節奏與律動，讓孩子可以琅琅上口，涵養語感。

🍎 朗讀首要在清楚傳達

照著書念的朗讀看起來容易上手，許多家長卻覺得深具挑戰性，常常念著念著，寶寶出現分心或不耐煩的反應，父母也產生了挫敗感。雖然朗讀的吸引力來自於聲音表情的魅力，然而，朗讀首要的並不是音色是否優美動人，而是寶寶能否聽清楚傳達的

內容，若是跟不上，當然就容易分心了，可以運用以下的技巧，讓寶寶順利進入書中的情境。

斷句

朗讀時注意書中的標點符號，清楚讀出前後句子的區隔，讓寶寶有時間將看到的繪本圖畫和聲音連結，從容進入腦子裡，否則前面接收到的訊息還來不及就位，後面內容接著就來了，無法順利連貫前後的情節，漸漸的就跟不上了，這時就容易因為狀況外而興趣缺缺。同時，標點符號也是文章的表情，逗點停留時間短，句點停留的時間長，段與段之間停留更久，這些長短停留有助於孩子從容接收朗讀的內容，也清楚故事來龍去脈的發展。

字群分割

除了句子與句子之間的區隔，在一個句子裡也應該讀出字群的分割，因為不同詞語的組合在各種情境裡會產生不同的意義。例如：「這裡的花生長得真好。」這句話，可以是「這裡的——花——生長得真好。」也可以是「這裡的——花生——長得真好。」若是一個字一個字拆開來念，念成「這——裡——的——花——生——長——得——真——好。」聽不出主體是花還是花生，容易造成接續故事理解的障礙。因此，在朗讀繪本時，根據圖像給予的訊息，清楚念出句子裡正確的字群分割，讓孩子聽懂聲音傳遞的內容。

重音

另一個清楚傳達的方式是讀出文字的輕重音，例如：「他把門打開了。」這句話，依照文意有幾種不同的念法，如果前句是：「誰把門打開了？」這時可在朗讀時加重「他」的讀音，念成：「**他**把門打開了。」有助於文意的掌握；若前句是：「他把什麼打開了？」那麼這句的重音就落在「門」這個字上；同樣的，前句若為：「他把門怎麼了？」那麼重音處就在「打開了」，像這樣清楚讀出句子裡關鍵的語詞，是內容重點的聚焦與提醒，有助於掌握情節的發展，也能在聲音的輕重變化裡，持續孩子的專注力。

停頓

第一種停頓的功用在於故事朗讀開始時引起想聽的動機，例如：「今天，我們要讀的故事書是『我是霸王龍』。」這時停頓一下，好奇的孩子在腦子裡就開始想著：什麼是「霸王龍」？發生了什麼事？後來怎麼了？跟我上次看到的恐龍有點像，又好像不太像？同時也能適時整理好既有的知識背景，讓接續的發現與學習可以順利連結。

再來是書裡重點處的停頓，講到重要處停下來，讓孩子可以接收到此時重要的線索，有助於掌握故事的來龍去脈；再來，書中懸疑處或精彩處的停頓就是俗話說的「賣關子」，讓孩子思索並猜測後續的情節，這時就很入戲了。另一種停頓的時刻是書中

深情感動之處，讓孩子好好感受當下的心情與感受。例如：「小熊遠遠的看到奶奶走來，立即跑上前去。」這個溫馨的時刻就可以停下來，讓孩子仔細品味。

　　為孩子朗讀時，若能掌握上述斷句、字群分割、重音、停頓等技巧，不只孩子能夠跟上朗讀的節奏，追隨故事的發展，朗讀者也能自然形成輕重緩急的聲音表情，孩子不會因為自始至終單一的聲調而分心，也因為適時的停頓引起孩子的關注，醞釀書中緊張或舒緩的氛圍，不知不覺地融入在故事情境裡。

🍎 生動的朗讀

　　清楚傳達的基本功做到了，接著再來揣摩讓朗讀更生動的方法，藉由音色、音量、音調、音速的變化，並適時加入背景音效，讓朗讀更具吸引力。

音色

　　先來談朗讀裡的音色應用，有時，故事裡有好幾種動物、數個角色登場，或者還有角色的對話，這時，若只是朗讀者的單一音色，往往念著念著，就聽不出是誰在說話，孩子容易因為角色錯亂或內容混淆而無以為繼，這時，可以模擬各種角色的聲音，就很精彩了，若不擅長者也可以運用不同部位的共鳴來區隔音色，例如：在朗讀情節時採用原來說話的音色，大型動物說話時運用胸腔共鳴，發出較低沉的聲音，小型動物則可以使用鼻腔共鳴，讓聲音高昂輕巧，以此方式區隔各個角色的對白，讓朗讀的

內容聽起來清楚，也更加生動。可以進行這樣的朗讀練習：同樣一句話，自己、獅王、巫婆、小麻雀、老爺爺、三歲小孩……音色有什麼不同呢？

音量／音調／音速

音量大小、音調高低與音速快慢的變化可以創造聲音的抑揚頓挫，也能表現不同的情緒。大體而言，緊張、生氣時，音量較大、音調較高、音速較快；而溫柔、沮喪時，音量較小、音調較低、音速較慢。三者搭配，揣摩朗讀的情境，表達心情與感受，聲音就有了豐富的層次變化，故事也能說得更生動。

因此，出色的朗讀不是優美而單一的聲音表情，而是揣摩繪本情境的真情流露，如同本篇第一章闡述的從繪本賞析到故事演奏的理念，理解繪本傳達的語境，藉由音量、音調與音速的不同調度，創造各種適切傳情達意的聲音表現，例如：「明天不用上學。」這句話，在圖書館裡小聲地告訴同學，或是向路旁另一端的人說，或是自言自語不太相信，聲音的表情就有所不同。這樣的朗讀傳達了字裡行間流動的感情和情緒，必然會讓讀者融入故事的情境裡，忘了時間的流逝。

音效

朗讀時加入音效，更有身歷其境的感受。例如：讀著「一陣風吹來」時，加入呼呼的風聲；小狗出現或說話時，加上「汪！汪！」的叫聲，讓朗讀更加生動；同時，嬰幼兒繪本裡大量擬聲

詞的運用，也如同在書裡加上音效，藉由朗讀的傳遞，輔助情境的理解；音色掌握不好的朗讀者，也可以因為音效增加人、景、物的辨識度，同時，也更能讀出書中的幽微感受，例如：「淅瀝淅瀝」的小雨、打在鐵皮屋頂上「叮叮咚咚」的雨聲，是不是更能展現不同情境的感受呢？

　　想像與揣摩一下童書裡會出現的動物，例如：貓咪、小狗、小鳥、鴨子、小豬……，還有威猛的獅子，牠們的叫聲各是如何的呢？大自然的風吹、雨聲、打雷聲、小孩的笑聲與哭聲等等，加入了音效，將使聲音的表情更為豐富，不妨試一試。

　　透過上述的探討，相信更能了解朗讀如何運用聲音表情清楚傳達以及生動演繹，讓靜態的文字有了豐美的生命。將孩子抱在懷裡或親密的坐在身旁，運用上述的朗讀技巧，讀出書中的情景、情節與情緒。在生動的共讀情境裡，寶寶有了良好口語品質的輸入，從聽你讀，牙牙學語的跟著你說，逐漸累積語彙，孩子就能學著你的樣子，打開書本，有模有樣的朗讀，就能逐漸的從生動豐富的語言轉化為文字概念的認知，順利銜接文字的識讀，為之後的學習奠立良好的基礎。

　　如同松居直先生所說的：「念書給孩子聽，就好像和孩子手牽手到故事國旅行，共同分享一段充滿溫暖語言的快樂時光。」就來打開一本書，以溫暖的言語與書裡的圖文交織成親子心靈的親密交流，大聲為孩子朗讀吧！

Chapter **4**
親子共讀的多元技巧（三）：
讓我說個故事給你聽

　　掌握圖文訊息，以豐富鮮活的語彙精準表達，並從節奏的掌握揣摩聲線的表現，在有條理的敘事裡，展開生動有趣的共讀，說個精彩的故事。

　　接續前一章的朗讀技巧，接著來探討敘述法，也就是不照著繪本的文字讀，而是整合圖文的訊息，以口語傳遞與詮釋書中內容的共讀方式。

　　由於每本繪本的圖文比例不盡相同，沒有文字或是圖像訊息多於文字的繪本不適合逐字逐句朗讀，即使圖文並茂的繪本有時也會突然穿插無字的頁面，這時就可以運用敘述法，補足書中文字的不足。相較於朗讀，敘述法更能彈性調度共讀的情境，孩子聽朗讀分心時，或是年紀小以及還沒有養成閱讀習慣、無法持續較長注意力的孩子，就能改以淺顯詞語或更活潑的敘述方式來共讀，吸引孩子的興趣；還能將孩子的生活景況融入故事敘述裡，延伸更多的探索學習；此外，若是故事人對著一群孩子說故事

時，即使有時間的限制，也可以活用敘述法，在既定的時間內說完故事；若運用道具或手偶說故事，或是故事劇場的演出，沒有拿繪本上場，這時，敘述法也成為說演故事的的基本功了。

🍎 敘述的技巧

如前文所言，比起朗讀，敘述故事的靈活度更高，但難度就在於不是照著原文逐字逐句讀，而是須仰賴故事人的敘事能力，完整且生動活潑的說出精彩的故事，以下的技巧可供參考：

流暢

因為敘述的方式不照著書中的文字讀，全靠口語現場即興發揮，因此，常見贅詞過多，或是不時出現口頭禪，或是遣詞用字單調或不夠精準，因此，在敘述故事時，仍要以朗讀的聲情表現為基礎，流暢且生動的傳遞書中內容。

聚焦

因為敘述法不照原文念，有更寬廣的揮灑空間，但是也容易不自覺的延伸過多內容而離題，或是故事快講完時，才發現漏掉前面重要的線索，無法順利發展故事情節。

聚焦在主題陳述，井然有序地傳遞清楚且完整的內容，這正是敘述法要掌握的技巧，若是故事繪本，就先掌握故事的基本元素，從場景（時間／空間）→角色→情節（動作／行為）依序有條理的敘述，也就是從時間與空間說起，接著是這個時空背景裡

的角色出場,再來則是在做什麼事。

　　以這本《小小的我》為例,可以看到整個跨頁只寫著:「世界很大,我好小。」這時不妨運用敘述的方式來補充畫面完整的情境,例如:「在冰天雪地的南極裡,有一群企鵝在那裡生活,在這些企鵝群裡,有一隻小企鵝。」

（《小小的我》,作者:艾瑪·達德（Emma Dodd）,譯者:李貞慧,時報文化）

　　這時,看似完整的敘述也突顯了另一個問題,也就是只說出眼睛看到的,沒看到的就常被忽略了,不像朗讀繪本時,只要讀出書中的文字,往往就能傳遞書中描繪的完整情境,像是角色的心理狀態、所思所感等等。若只是畫面上表象的敘述,只是交代

情節的發展，就無法引入細膩的感受與體會了。因此，可從繪本賞析的探究與推論，在敘述時加入角色心情或想法的描述，接引圖像語言的意涵，舉例來說，從上述畫面裡眾多緊緊挨著的企鵝，對比著小企鵝旁邊留白的空間，是不是更能突顯小企鵝的孤獨，再根據前後情節的合理推論，這時可以在敘述時加入小企鵝的心情或想法：「在一堆高大的企鵝裡，小企鵝顯得特別不一樣，牠心裡想：『大家都那麼高大，為什麼我這麼小呢？』」加上這樣的敘述，故事就能從平面變立體，從情景導入情境，更能感同身受，走入故事的感情與思考裡。

　　揣度在這情景中角色的所思所感，外在的敘事加入「內心小劇場」的描述，不僅能夠從情節導入意涵，故事也更為生動，同時也藉由這樣由外而內有條理的敘述，聚焦在故事本身的發展，不容易離題或遺漏重點。

節奏

　　除了照應單一頁面的敘述，接著就是整本繪本的節奏掌握了，了解故事情節如何鋪陳，尋找高低起伏的故事線，營造故事的戲劇張力。

　　先瀏覽整本書的情節發展，整理出全書的脈絡，或是畫出故事結構圖，或是以常見的起（起因）→承（經過）→轉（轉折）→合（結果）的過程畫成一座故事山，「起」是山腳下準備啟程，「承」是逐漸爬坡，「轉」就是高潮之處的山頂，再來則是走向結尾的下山路途，掌握故事的節奏。

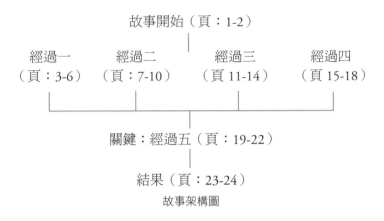

故事架構圖

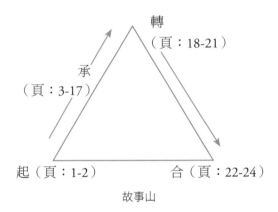

故事山

　　由於口語敘述故事時會有更多演繹的空間，常常前面一時興起說太多了，後面就草草結束，顯得頭重腳輕；或者團體說故事時，礙於時間的限制，也只好虎頭蛇尾。分析整本書的結構，可以掌握全書的發展節奏，及調度時間的分配，例如：20 分鐘的共讀或說故事時間裡，規劃每個區塊的時間分配，當時間到時，就

接續下一個部分，就能在預定的時間內從容說完精彩且完整的故事，或是讀完一本繪本，這對團體說故事的故事人尤其受用。此外，節奏的掌握也能串聯頁跟頁之間的思維途徑，從而掌握口述的聲線，例如故事山的設計，在開始說故事時，聲調低、語速慢，隨著情節發展如漸漸爬上山時聲調漸高，語速漸快，直到故事最精彩的轉折，接著語速漸慢，慢慢收尾；或者掌握一而再、再而三的反覆情節的節奏，製造故事的迴旋趣味，以及關鍵情節處聲線不同的表現，從中掌握故事情緒的變化，營造舒緩緊迫的張力，故事就能說得很生動。

　　根據我在講座時進行的隨機調查，敘述法是最常被使用的共讀方式，因為這樣的共讀輕鬆活潑，容易吸引孩子的興趣，但這看似沒有很多限制的自在，也如同本章稍早提及的缺失：容易簡化語彙、離題、失焦，或者最常見的就是順便訓一訓孩子，搞壞孩子的閱讀胃口，因而排斥共讀。因此，如同本章的提點，使用敘述方法時，掌握圖文的訊息，以豐富鮮活的語彙精準表達，並從節奏的掌握揣摩聲線的表現，在有條理的敘事裡，展開生動有趣的共讀，說個精彩的故事。

Chapter **5**

親子共讀的多元技巧（四）：
與孩子討論故事

在閱讀給予的沃土裡埋下思考的種子，日日不斷澆灌，當季節對、溫度對時，種子就會萌芽成長，討論也即是埋下思考種子的過程。

隨著幼兒的心智成長和語彙的發展，可以在對話式共讀的基礎上，進一步和孩子進行討論，不只是言語的互動，也能培養孩子的思考習慣，在彼此想法交流的思辨歷程裡，建構理解的途徑，領會書中的意涵，澄清價值觀，內化為學習與成長的養分。

🍎 覺察孩子的閱讀狀態

首先，不管是「對話式共讀」或是本章探討的故事討論，共同的關鍵是雙向交流的互動，讓孩子融入共讀的情境，並且有高度的參與感，這樣的共讀過程將更為輕鬆鮮活，孩子也能持續更久的專注力，並從孩子的回應覺察學習狀況，適時因勢利導，給予需要的學習補強，也能了解孩子的想法，及時解答疑惑，讓共讀得以順利進行。

🍎 釐清閱讀時的疑惑

　　在共讀或聽故事時，若是孩子對於書中的內容產生疑惑，卻沒有立即釐清，隨著故事的發展、一頁一頁的前進，孩子仍然會固著在之前的疑慮上，不但容易分心，也沒能跟上後續的閱讀內容。有一個故事正適切說明這樣的景況：一位媽媽教孩子「雞兔同籠」的數學問題，題目是：「三隻雞和五隻兔子關在一起，一共有幾隻腳？」孩子怎麼學都學不會，這時媽媽有點動怒的說：「你到底在想什麼？我教這麼久都還學不會？」孩子一臉困惑地說：「我只是在想：為什麼要把三隻雞和五隻兔子關在一起？」

　　若是在共讀時孩子能夠隨時提出疑惑，展開意見交流與討論，釐清疑惑，梳理理解脈絡，就能順利發展共讀的進程，有所思，進而有所得。

🍎 培養思考習慣與能力

　　讓許多家長更傷腦筋的是，孩子閱讀後不僅沒有任何疑惑，也只會將情節複述一遍，沒有任何感受與想法，如同只看到禮物的包裝，卻沒能看見裡面的禮物；或者常有家長急切的詢問：「我要用哪本書來教孩子勇敢？」「哪本書可以教出孩子的好品格？」但就是因為父母急切給予的心態，常形成強制灌輸，孩子雖然讀到，卻缺乏消化的途徑，不見得能夠內化或體會。

　　有一句格言說：「閱讀若沒有思考，則淺薄不生根。」思考就是閱讀消化及內化的途徑，在閱讀給予的沃土裡埋下思考的種

子，當季節對、溫度對時，種子就會萌芽成長，若空有沃土，卻沒有種子，也無法開花結果，而書本如同沃土，共讀時的討論正是埋下思考種子的過程，否則讀很多書，也無法從中得到滋養。

然而，很多家長卻常常反映：每次共讀時想和孩子討論，不管問什麼，小孩總是回答：「不知道。」因此無以為繼。其實孩子往往不是不知道，而是懶得想，若家長在乎的是知識的灌輸，只重視答案的傳授，忽略了獲取知識的理解過程，孩子習於被動接收，就懶得思考了，長久下來也會弱化思考的能力，如同一隻四隻腳被綁在木樁上的大象，一段時間以後，以為站在木樁上是生活常態，不想下來，也不知道自己有行走的能力，可以前往發現更遼闊的世界，這即是一種慣性的制約，若孩子將被動聽講視為常態，不習慣思考，也就對討論興趣缺缺了。

就從培養思考習慣開始吧！在共讀時鼓勵孩子說一說從繪本中的發現，進而分享所思所感，在親子彼此想法的交流裡，討論行為因而建立，這即是培養思考習慣的起始，而思考能力也會因而得以滋長。

🍎 必須討論的繪本

隨著孩子成長，涉獵的繪本越來越多，有些繪本顛覆了傳統的思維，若只是被動接收內容，孩子發現與之前的認知不同，就容易產生迷思了，這樣的繪本更需要從討論來學習。例如：繪本《與眾不同的美人魚》，藉由討論思辨才能跳脫框架，看見獨特的自己，發現自己的珍貴與價值。

（《與眾不同的美人魚》，作者：若波特・沃特金斯（Rowboat Watkins），譯者：謝靜雯，時報文化，圖片來源：https://www.books.com.tw/products/0010866397？sloc=main）

另外，有的繪本會穿插沒有文字的畫面，或是設定了開放的結局，要由讀者自行思考來發展意義。像是雍・卡拉森（Jon Klassen）的繪本《這不是我的帽子》裡，小魚趁大魚睡著時，偷走了大魚的帽子，大魚醒來後發現帽子不見了，到處找帽子，怕被大魚發現的小魚躲在水草叢裡，卻不知道大魚也游進來了。接續的是水草叢的無字頁面，接著大魚游出來，頭上戴著被小魚偷走的帽子，那麼在水草叢裡究竟發生了什麼事？書中沒有文字說明，這時就可以在共讀時發展各種觀點的交流與討論，包括：發生了什麼事？你的詮釋是否符合邏輯？在眾多的可能裡，哪一種會是最好的選擇？

從問「好問題」開始

有一句話說：「父母問怎樣的問題，就決定孩子怎樣的思

考。」在共讀時，父母藉由提問啟動孩子的思考，從孩子的回應展開討論。但是許多父母美其名說是與孩子討論，卻常常自問自答，例如：「這是什麼？是兔子。」孩子知道父母會自己說出答案，就懶得回應了，甚至發現若回答的不是父母想要的答案，也會被糾正，就乾脆什麼都說「不知道」了；或者有的父母習於封閉式的提問：「這是兔子，對不對？」「小兔子很高興，你說是不是？」孩子只能當應聲蟲，沒有思考的空間，也就沒有討論的可能，甚至也干擾了共讀的樂趣；又或者提問像在口試一樣，問的都是故事裡的人事時地物，像是：「這隻貓叫什麼名字？」這些回答都是不用怎麼思考就知道的答案，孩子也會覺得父母像糾察隊一樣，隨時在觀察他有沒有專心在聽故事，搞壞聽故事的胃口，這時，孩子會說：「媽媽妳快點講故事，不要再問了好不好。」或是下次要共讀時他也會說：「我自己讀就好了！」這時家長就會深感挫折。

就以開放式的提問營造輕鬆自在的互動情境，取代上述孩子只能當應聲蟲或如同考試的封閉式問題，讓孩子願意想、樂意講，有空間說，才能接續意見的交流，進而展開討論。

以下的提問方式可供共讀時參考及運用。

參與：你看（發現）到什麼？

在共讀開始或進行到任何一頁時都可以適時的這樣提問，不要忙著成為知識灌輸者，想要跟孩子灌輸或說教，就讓孩子說一說看到的發現，例如孩子說：「我看到氣球。」「我看到一隻兔

子。」就從孩子感興趣的發現來開始說故事，視情況補充書中的內容，讓孩子興味盎然的進入書中的情境，一起發展故事的探索，也為後續的深入討論提供線索，如此一來，孩子就會有參與感，並且樂於發表更多的看見與想法，這時就能營造討論的情境，有利於發展後續的討論。

預測：猜一猜接下來會怎樣？

把之前發現的訊息當作線索，閱讀前先猜一猜這本書的內容，或者在故事進行中，隨時猜測後續的情節發展，就在這已知推論未知的過程中，啟動孩子的思考，若無法明確猜測，就繼續進行更多的觀察與探索，建構思考的途徑，同時，孩子也因為想知道自己猜得對不對，就能引起繼續閱讀的動機，以及更多思考的探究。

理解：為什麼會這樣？

預測故事的發展後，在接續的共讀時卻發現不是他猜的那樣，這時就可以和孩子進行意見交流，發展討論，例如：「書中的情節發展和自己的猜測有什麼不同？」「和你想的哪裡不一樣？」「從哪裡開始不一樣？」「能夠理解或贊成這樣的安排嗎？」或是梳理連貫頁面的發展邏輯，或是釐清圖文訊息的任何疑義，從中進一步探索，在思辨與澄清的對話與討論裡，理解內容，並且有所發現與領悟。

應用：如果是你，你會怎麼做？

在故事發展裡穿插這樣的提問：「這時，你會怎麼做？」或者聊一聊：「你還可以怎麼做？」……從書本到自身，連結生活的印證與實踐，從孩子和書裡敘事異同的回應裡，發展更深廣的思考與討論，不僅能印證所學，並且可以活學活用，創造學習的無限可能。

整合：聽了這個故事以後，你知道什麼是□□？

常有大人喜歡在共讀或說故事後問：「讀完這本書以後有什麼啟示？」用意是希望將閱讀的養分安置在孩子的內心，鞏固學習，但若是孩子回答：「不知道！」可能是因為前面的學習還來不及消化與統整，或是覺得這樣的提問太像說教，覺得嚴肅而無趣，不想回答，或者像考試一樣開始緊張，怕說錯話，頓時腦子一片空白，也就無法順利思考了。

前面提問發展的討論過程可以刺激孩子動動腦，隨時捕獲新的發現，最後的整合提問也如同捕魚後的收網動作，將行進中既有的漁穫打包帶回家。討論的最終提問也即是統整剛剛的思考與學習，聚焦於主題的深入探討。例如，共讀《勇敢湯》後，讀完可以這樣問：「什麼叫做勇敢？」從內化到整合的思考進程，鞏固學習。

上述的提問提供帶領共讀者與故事人提問的方向，但不是一

題接著一題的討論模式，而是在共讀時適情況靈活調度，有效發展討論的實踐，引領孩子靈活思考與表達，對於幼兒而言，討論的意義更在於討論行為的建立，逐漸培養討論的習慣與能力，從中厚植思考與表達的素養。

🍎 遇到這些問題怎麼辦？

許多家長或故事人都覺得：在共讀時與孩子討論，比起朗讀或敘述更有挑戰性，以下列舉討論時常見的困境及解決方式，提供共讀時參考。

孩子不回應

不管問什麼，孩子都不回答，還希望大人不要再問了好不好，這樣的現象可能是還未養成思考習慣，或是對提問的內容不感興趣，或是沒有能力回應，有時也會因為家長操之過急，一下子問太多的問題，干擾了閱讀的樂趣，所以孩子興趣缺缺。

對於沒有討論習慣的孩子，可以先以閱讀的興趣為優先考量，不要因為討論的強行介入，反而讓孩子失去共讀的意願，如果孩子習慣被動地聽，就在平日朗讀或敘述方式的共讀時，先嘗試穿插一兩個提問來互動就好，先建立討論的習慣，再慢慢調度各種類型的提問，逐漸帶動流暢的思考，發展討論的進程。

若是平日都能回應的孩子突然沉默不語，可能是對你的提問沒有興趣，這時可以連結孩子的嗜好，引起探索的興趣，例如：孩子喜歡小狗，就從：「這裡有小狗，小狗在做什麼？」開始，

若是孩子沒有能力或不知道要回答什麼，就從比較簡單與具體的提問開始，像是將「有什麼發現？」改為：「封面上有什麼動物？」「有幾隻老鼠？」讓孩子容易回應，再逐漸發展深度的提問，這時也不要忘了鼓勵與讚美孩子的表現，讓他有參與感，培養表達的自信心，也更能融入故事情境裡，發展更多的互動，這時就能繼續連結孩子專注的點來提問，進行更多訊息的探索。就在這樣猜一猜、看一看、找一找的過程當中，發現討論的樂趣，觸動討論的意願。

怕被孩子問倒

討論進行時，成人的提問如同拋磚引玉，觸動孩子的思考與回應，在一來一往的感思交流之間，也鼓勵孩子提出問題，發展意念思辨與釐清的過程，但若此時孩子提出大人無法回應的問題，這時也不用勉強自己要說出個道理來，討論即是大人與小孩一起探索的過程。首先，孩子在提問之前，往往已有了既定的想法，只是想藉由討論印證或釐清，或者想得到支持，因此，可以先問問孩子：「那麼，你覺得呢？」也許從孩子的回應裡，就有了很棒的見解，或者更能釐清孩子的疑惑，接著在合作思考裡，以更多的訊息為線索，一起發展更深入的討論；再則父母也不需要扮演全知全能的角色，一味的給答案，孩子過度依賴，反而阻滯了思考能力，共讀也即是共學，這時，可以對孩子說：「哇！真是很棒的發現，我都沒想過耶！我們一起來想一想。」不僅鼓勵了孩子，增強自信心，更樂於思考與表達，也能在一起探索

中，發展理解的途徑，說不定就在這樣的討論過程中，大人也改變了原來慣性思考的想法，從共讀裡學習。如果當下還是無法解答疑惑也沒有關係，可以對孩子說：「真是個好問題啊！我們再想想看。」只要埋下思考的種子，醞釀了思考的契機，哪天底蘊成熟或是生活裡恰好得以啟發，就會靈光一閃，有了精彩的發現。因此，常常兩三天之後或是不預期的某一天，孩子會說：「媽媽，上次的問題我想出答案了。」或者：「我有新的發現喔！」更何況生命的問題本來就沒有絕對的標準答案，隨著人生經驗的累積，就會有新的領悟或想法，今天的答案也許就被明日成長的自己推翻了，知識的更新如此，智慧的成熟亦然，只要培養思考的習慣，成熟的思考能力自然隨時都會冒出智慧的靈光。

孩子價值觀與大人不同

　　當家長認為孩子回應的價值觀偏差時，常常急著對孩子說：「你怎麼可以這樣想！應該……才對！」不斷被教訓或斥責的孩子也就不願回應了。先不急著以大人的威權來箝制孩子，討論正是思考轉化帶動行為改變的潛移默化。在平等的對話裡，大人和小孩各自提出看法，在這個過程中，不見得要完全聽從誰的說法，否則也就不需要討論了，就從對話裡充分表達意見，在討論裡印證與思辨，孩子的發言可以適時活絡大人慣性制約的想法，而小孩也因為大人的人生經驗有了多元思考的空間，如果大人願意接納與傾聽，孩子就更能真誠的表達所思所感，進而在討論裡達成共識。因此，與孩子意見不同，也就是學習的契機，更能因

為討論而展開深入的思考，也許最後要改變的並不是小孩而是大人呢！

在共讀時和孩子對話與討論，一起故事發想，不只是啟動小孩與世界對話的起始，也是大人以嶄新眼光看世界的契機，發現思考的力量。

Chapter **6**

親子共讀的多元技巧（五）：
故事現場的靈活調度

選擇適合的共讀方式，視狀況靈活調度，在持續共讀的實踐裡必能熟能生巧、任運自如，和孩子一起樂在其中。

在前面的章節裡分別介紹了對話式共讀、朗讀、敘述、討論等幾種基本的共讀方式，那麼該採用何種方式較為適當？或者，你慣用或喜歡的是哪一種呢？

直接拿起繪本念給孩子聽的朗讀法，可以累積豐富的語彙、涵養語感，並且培養專注力，但也因為孩子習慣靜靜的聽，大人往往不知道孩子的想法，也因為思考習慣未能養成，即使積累了豐富的語彙，因為沒有想法，孩子也不知道要說些什麼，正如一些家長反映的，有時興之所至，想和孩子互動一下，隨口提問，孩子卻直接了當的表示：「不知道。」甚至說：「媽媽妳不要再問了好不好？」

有些繪本沒有文字而無法朗讀，或是圖多字少的繪本單靠朗讀很難讀出完整的內容，這時，運用口語敘述的共讀方式就更為

適合，可以整合圖文的訊息來完整傳遞書中的內容；又或者字數較多的繪本，因孩子還沒有足夠的耐心共讀整本書，或是團體說故事有時間的限制，這時採用敘述法就可以活化共讀的氣氛、靈活調度時間，同時，孩子也能從大人的口語示範，學習如何清楚敘事與表達。然而，若是無法整合圖文，說出完整的故事，或是口語表達不甚精準，孩子接收的語彙單一貧乏，或是加油添醋過多，故事失焦，或是大人藉機說教，無法成為書本動人內容的傳遞者，聽故事的孩子也就因此興趣缺缺了。

對話式共讀與討論不同於朗讀與敘述靜靜的聽，可以進一步進行互動交流，並且創造更活潑的共讀情境，了解孩子的想法，適時釐清疑惑，培養思考習慣與能力，但若是隨著孩子成長卻未能積累豐富的語彙，或是涵養靈活的敘事能力，語言無法成為思想與感受的載體，那麼往往空有想法，也無法清楚表達或與別人進一步互動討論了。

靈活調度共讀的方式

大體而言，朗讀是共讀的基礎，運用聲情的表現傳遞語感，這是說個生動故事的前提，有了朗讀累積豐富的詞彙，敘述故事時也才不會辭窮或語彙貧乏，並且可以善用敘述的特性，在各種情境裡靈活調度；而對話式共讀與討論可以在互動裡了解孩子的學習狀況，並且培養思考習慣與能力。上述這幾種共讀的方式各有所長，對於沒有思考習慣與能力的孩子，即使有朗讀積累的豐富語彙，也是英雄無用武之地；同樣的，很會思考的孩子若語彙

貧乏，也是無法暢所欲言；另外，有的孩子有想法、有語彙，卻不知如何有順序的說出完整的敘事，因此，可以活用各種共讀方式，相輔相成，靈活調度，培養孩子會思考、有想法，亦能生動敘事、靈活表達的能力。

同時，因為繪本圖文比例不同、知性或感性不一的多樣表現，宜在共讀時因應繪本的屬性，靈活交替運用各種說故事的技巧，讀出繪本的特質，例如：沒有字或圖多字少的書不適合朗讀，議題探討的書更適合討論，感受類的書適合朗讀靜靜感受。

因此，在共讀時，可以根據繪本屬性、孩子的學習狀況與閱讀情境靈活調度，例如：本來朗讀繪本，但發現孩子開始坐不住了，這時可以**轉換敘述法或對話式共讀**，或者與孩子討論故事；同一本書也可以運用各種共讀法交替運用，像是以敘述法為主，某些重要環節的關鍵句改以朗讀來強調，或是視狀況穿插幾個提問進行對話互動，正所謂朗讀加敘述，或者敘述加入討論……等等。活用共讀的多元技巧，可以生動傳遞讀本的趣味、調度孩子的閱讀興趣、培養孩子全方位的能力，或是當孩子要求同一本書重複共讀時，家長不要不耐煩，只要活用各種共讀方法，每次都能讀出新意，例如：之前是朗讀，這次就和孩子一起討論故事，或是運用敘述法加上對話互動，一起探索繪本，發現更多共讀的趣味。

🍎 更多共讀方式的活用

接著再來談一談在上述共讀基礎上靈活變化的多元方式，玩

出共讀更多的樂趣，也發展更豐富的學習。

焦點式共讀

　　不一定每本書都要從開頭讀起，孩子重複共讀的書也可以挑其中的一頁，作聚焦式的深入探討，以朗讀聚精會神的感受圖文的美好，或是一起從圖文裡探索更多的發現，或是盡興暢聊彼此的看法，這樣沒有壓力的聊書讓共讀更自在，也往往可以觸動更多書本與生活的深廣學習。

角色扮演

　　幼兒喜歡玩遊戲，自 2 歲以後就喜歡將聽到的字彙帶入遊戲裡，若有玩伴，也會從彼此的互動裡，快速習得更多的新語彙，幼兒尤其喜歡角色扮演的遊戲，從各種角色的情境、對話或行動裡，活化語言表達和溝通的能力。因此，在共讀過程中，不見得要正襟危坐的聽故事，共讀有角色對話的書時，可以和孩子各自認領扮演的角色，旁白者朗讀情節，各種角色的對白出現時，負責該角色者就念出對白，每個人不同的聲音表情可以讓共讀更生動有趣。或者，興之所至，還可以加入肢體動作，例如：將伸縮的手指頭變成好餓好餓的毛毛蟲，又例如：共讀《我是霸王龍》時，可以全家總動員，小翼龍和爸爸、媽媽、霸王龍各個角色分別由家庭中的成員來扮演，在這過程裡，每個人可以揣摩故事裡角色的感情，念出適切的語調，還可以運用肢體動作來製造氣氛，讓共讀過程更活潑、有趣。更厲害的，還可以一起來個親子

劇場演出，更能體會共讀的樂趣。

　　若是沒有對白的書，也可以分工為角色配上音效，配合故事的情境，發出狀聲詞，例如：小狗出現時，發生汪汪的叫聲，孩子更能專注其中，並且也學習觀察書中的情境，思考傳達怎樣的聲音表情，對書中的感受也就更深刻了。

一起玩個故事遊戲

　　和孩子在共讀裡發揮創意改編故事，或創造一個新故事，例如：以故事接龍的方式創作繪本的續集或前集，或是在故事裡加入更多的角色，常見到孩子把自己融入書本的情節裡，增添更多生活經驗的素材，故事就更精彩了。

換孩子說給你聽

　　孩子熟悉一本書以後，再次共讀時，就換孩子說給你聽吧！兄弟姊妹一起共讀時，也說給彼此聽，孩子會學習大人之前的共讀方式，有模有樣的說個生動的故事，這時不但調度了他的參與興趣，也能夠從中消化與內化這本書，有時還會根據自己的體會與感受，加入小細節，孩子自主閱讀的能力也從中逐漸養成。

　　由上可知，共讀可以有多種形式，玩出多樣樂趣，但是也許有家長覺得這樣一來，共讀好像很不簡單，需要多種「招數」才能勝任，或者有些家長覺得知道越多方法，共讀時更容易患得患失，不曉得當下的共讀方式適不適當，其實，各種共讀技巧應該是孩子學習的助力，而不是大人綁手綁腳的阻力，活用各種共讀

方式可以讓故事說得更生動，也是共讀時解決各種困境的良方，減少挫敗感，也讓孩子更有新鮮感，隨時帶著共讀的期待。因此，大人不用顧慮太多，只要願意嘗試各種共讀方式，視狀況靈活調度，並且持續共讀的實踐，如此一來，必能熟能生巧，任運自如，和孩子一起樂在其中，享受愉悅的共讀時光。

Chapter **7**

共讀遊藝場：
讀故事，玩故事

藉由通過故事道具的設計與應用，讓孩子不僅享受愉悅的閱讀時光，也更了解故事的內容，激發豐富的想像力與無限的創造力。

愉悅的玩興是能否持續共讀行為的重要關鍵，若能運用一些巧思，一點玩心，在親子共讀或說故事時更能發現創意與驚喜。在聽、說、讀、寫、玩、演、做的共讀裡，享受閱讀的樂趣，也玩出豐富的想像力與無限的創造力。

🍎 說故事的道具

角色偶

運用簡單的道具增加故事對幼兒的吸引力，之所以強調「簡單」，因為若過程繁複，太勞心勞力就減少製作的意願，同時也可以與孩子一起動手做，快樂玩。

首先，以隨手取得的材料製作布偶、紙偶、面具⋯⋯。 例如：畫出書中角色的圖像，剪下來貼在環保竹筷、吸管、筆或是冰棒竹籤上，就是故事角色偶了，還可以運用免洗湯匙與叉子，運用湯匙面為臉部，貼上動動眼及畫出五官，加上頭髮或造型裝飾，在湯匙柄上貼上服飾及四肢，還可以運用叉子來做動物的四隻腳，發揮創意做出故事裡角色的各種造型。說故事時，隨著情節的發展，可愛的角色偶就跟著出場，增加故事的趣味。若不擅於音色模仿，角色偶也能發揮功能，該角色說話時，將偶搖一搖，尤其是同時幾個角色一起出場，不容易分辨誰在講話時，更能派上用場。可以和孩子一起製作，以童趣的筆觸畫出書中的角色，就更有參與感了。

角色偶示例。

再來，運用坊間販賣的手指偶，或自行以不織布製作，剪出角色的造型，加上可愛的眼珠子等表情，套在指頭上，如同前述角色偶的功能，也會是說故事的好幫手，或是在現成的手套上貼出書中的角色，在說故事時，戴上手套，哪個角色出場時，該手指就動一動，或是手指上的角色進行對話。另外，家中的布偶也

可以派上用場，配合故事裡的角色靈活運用，有了這些偶的加入，相信更能增加故事的趣味，啟發孩子豐富的奇思異想。

手指偶也是說故事的好幫手。

故事圍裙

　　用不織布或有沾黏效果的布做成圍裙，再製作角色圖卡，隨著故事的進行，一一將這些圖卡貼在圍裙上，不僅可以幫助故事人記得角色上場的次序，還可以凝聚孩子的注意力，不容易分心，並幫助理解故事的發展。

故事道具

　　根據書中的情節製作各種小道具來搭配故事，例如：運用摺紙，摺出故事裡的鏟子或樹等等，或是現有物件再利用，裝扮成故事中的角色。家中的動物布偶都可以派上用場，如同扮家家酒的玩興，讓故事動起來。

故事小劇場

　　運用紙箱，將一面挖空，布置一下，就是簡單的小舞台，或

是家中有上下開合的月餅禮盒,打開立起來,布景、舞台也都有了,前面的故事偶和道具也可以加以運用,就等好戲上場。

　　若要更大的舞台,可以運用站立式曬衣架,加上浴簾,如同舞台的布幕,就能讓真人上場演出,發揮巧思,創意無設限,一起演個精彩的故事!

用簡易紙盒做成的故事小舞台。

故事動手做

　　從書本連結生活,活學活用,例如:讀了《小布烤布丁》,根據書中的方式,烤個美味的布丁;或者讀了「向日葵」,也來試種向日葵……,從書中發展生活的實踐。有些繪本後面都附上書中的食譜或相關的操作步驟,或者設計了延伸學習的活動,邀請親子一起動手來體驗。

小書創作

　　讓孩子將共讀時蹦出的奇思異想創作小書,分享感思或留存回憶,或是加入生活中的趣事或經驗來改編故事,為故事創作續集、或是改編故事結局,甚至發想個新故事,成為小小作家;同

時，通過創作故事書的形式，也讓孩子了解一本書從發想到製作的過程，更加親近書本。

　　只要一張紙，簡單摺一摺、剪一剪、黏一黏，一本心愛的小書就此完成，小小孩可以將所思所感畫在書頁裡，創作可愛小書，還不會寫字的小寶寶畫完圖後，請孩子口述作品的內容，父母幫忙將文字寫在作品上，一起完成圖文創作，盡情揮灑無限的想像與創意。

簡易故事小書創作。

以下介紹幾種簡易小書的玩法。

大嘴書

器材準備：

1. 內頁與封面紙：十六開圖畫紙、粉彩紙（或一般 A4 規格的白色及彩色影印紙）各一張。
2. 畫筆。
3. 膠水。
4. 剪刀。

作法：

1. 將內頁紙左右對折。

2. 拿起剪刀從摺處橫剪一刀。

3. 從剪口處分別向外摺出兩個三角形，將折線處來回壓緊。

4. 將兩個三角形返回未摺前的位置，再將三角形的形狀摺入
   內頁。

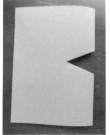

5. 打開內頁，即有一張立體的嘴巴。

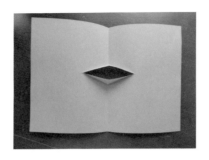

6. 黏上封面，即成。

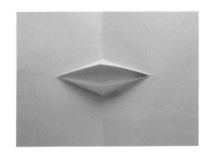

7. 根據嘴巴畫出書中的角色或是自己，也可以再加上裝飾，藉由小書裡的這張嘴來說話。例如書中的角色想對自己或其他角色說些什麼？從共讀聯想到什麼生活情境？想對親朋好友或書中哪個角色說些什麼話？

8. 變化：作法 2 多剪幾刀，就可多剪出鼻子，或是剪出幾張嘴進行對話，或是內頁的臉不一定用畫的，也可以剪出輪廓，整本書不一定如紙張原來的方正樣貌，可以剪出不同的造型。

四頁書

器材準備：同大嘴書。

作法：

1. 將內頁紙上下對折，再上下、左右對摺一次。

2. 攤開紙張，可看見八個格子。

3. 再將紙張上下對摺，拿起剪刀，從摺處橫剪一格。

4. 再將紙張攤開，橫拿，上下對摺，從紙張缺口處呈十字收攏，完成內頁。

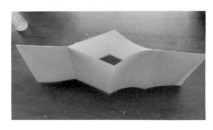 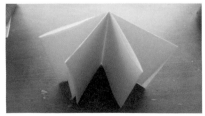

5. 黏上封面，即成。

創作發想：

四頁書的四頁剛好可以是一個故事起、承、轉、合的基本架構，可以在共讀後創作故事的續集或前集，或是改編故事等等，更厲害的就可以盡情揮灑創意與想像力，創作各種故事。

以上是兩種簡易小書的作法（註），這樣的小書也可以是親子協力，共同創作故事。記得孩子小時候，我隨身都會攜帶幾張紙，隨時摺成簡易小書，讓孩子即興創作，尤其是四頁書最為方便，一張紙摺一摺，沒有剪刀也沒有關係，就用手取代剪刀，撕出個缺口線，就可摺成一本小書，孩子可以隨時盡情創作，不管是共讀後，或是在公園玩遊戲時，孩子就可以從周遭的生活觀察，恣意揮灑想像力與創造力，寫畫出一個個生動的故事。有一年出國在瑞典轉機，5 歲的兒子靠在候機室窗邊，聚精會神的觀察玻璃窗外的停機坪，在小書裡畫出飛機以及輸油、送餐、送行李等作業細節，接著與我分享他畫的頁面，這些小書創作伴隨著我們許多旅行或生活裡的甜蜜時光。同時，這樣的小書遊戲更是幼兒空間概念、語文發展、邏輯思考、色彩印象、小肌肉發展、

讀後的自省乃至於與他人分享的多元智能發展的實踐，孩子的天賦也就在這樣多元的學習裡被關照，被發展。

　　以上是各種共讀玩興的示例，各種遊戲讓孩子的故事時間不單調，這樣的快樂不只在家裡的共讀時光，外出時，你的背包也可以放入幾本書、幾張紙，以及故事小道具，隨時都可以玩起來，甚至戶外踏青也能成為美好的走讀時光，在快樂的玩興裡，發展孩子全方位的學習。

註：對小書創作有興趣者可以參閱我的另兩本著作《繪本的讀寫遊戲》及《繪本的手作遊戲》（天衛出版社），創作更多有趣的小書。

Chapter **8**

快樂故事人：
團體說故事的技巧

　　圖書館、校園裡，更多的孩子因為聽故事的快樂時光，涵養了閱讀的興趣與習慣，一個個故事開啟想像，也開展孩子希望的未來。

　　從家裡親子共讀到成為故事人，為許多大人小孩說故事，不但分享閱讀的美好，更是共讀推廣的實踐。在公共空間說故事有特定時間與場地的限制，像是一場故事活動的時間配置以及內容安排等規劃，也因為聽故事對象不一，更要有現場靈活調度的準備與應變，因此，本章特別從故事人的角度補充說故事的相關知能，在圖書館、校園等地都能說個精彩的故事，傳播愛與溫暖，引領更多人打開書本，走入閱讀的天地。

🍎 繪本選擇

　　除了以繪本說故事，也可以不拿書來說演故事，以口語說個歷史故事，或是自身的生命故事，或是自己創作的故事。許多知

名作家創作的繪本也往往是在說故事過程中的發想，之後再寫畫成繪本。當然，以繪本說故事無疑是最容易上手的方式，不但故事材料方便取得，也能因為說故事的引介，孩子因此愛上這本繪本，聽完故事後，願意拿起書來讀，培養閱讀的動機，因此愛上閱讀，養成閱讀的習慣。

　　那麼如何選擇適合的繪本來說故事呢？首先，最好是自己喜歡或相應的繪本，若是別人推薦的好繪本，最好也要自己先有共鳴，說故事時才能享受其中，並且說得更生動；再來，若能事先知道孩子的年齡層，就選擇適齡的繪本，或者多準備幾本各年齡層的繪本，視狀況隨機運用。

🍎 思索適切的故事演奏法

　　接著依照繪本的屬性，選擇適合的故事演奏法，朗讀、敘述、互動對話或討論等方式進而融合應用，像是朗讀加敘述、敘述加討論……等等，說故事新手可先採用自己擅長的說故事方式，選擇相應的繪本，等到各種方法都熟練了，就更能靈活選取繪本，自由搭配各種說故事的方法，說個精彩的故事。

🍎 說故事前重點備忘

　　決定說故事的方式後，接著就來揣摩故事的呈現，標示與提醒進行中的重點。例如：朗讀故事則先留意字群應該如何分割，孩子才會聽得更清楚，並模擬書中情緒、心情、感覺的音色變化、輕重緩急高低的聲音掌握等等；若是敘述故事，則先分出書

中故事發展的幾個大區塊，像是從第幾頁到第幾頁是故事的起因，接著是發展的經過，再來則是影響結局的關鍵，最後是故事的結尾。這樣的區隔可以掌握故事起伏的節奏，並安排時間的調度，例如：30 分鐘的故事時間裡，如何分配每個區段的內容，在時間之內從容說個精彩的故事，以免前面說得過多，後面時間不夠而草草了事，或是遺漏了重要的情節發展；若是想以對話與討論的形式進行，則可以事前想好提問，串連故事的思考要點，在討論現場靈活運用。

🍎 流程設計

如同前文所言，團體說故事有時間的限制，所以事前宜規劃流程，期能在時間之內順利完成，可以依照以下幾個步驟建議來安排。

暖身

這是說故事之前的情境營造，期能引起動機，產生聽故事的期待，同時也可以活腦舒心，啟動思考，或營造可以自在互動的氛圍，接續故事順利進行。可以是繪本的封面預測，猜一猜故事的發展，因為猜測，孩子就要仔細觀察封面的圖文訊息，作為合理推測的線索，因此也啟動了思考；也因為猜測，孩子想知道自己猜得對不對，也能引起後續聽故事的興趣與期待。

另外，也可以玩個團體動力遊戲或搭配主題的團康唱遊開場，活絡現場的氣氛，有助於後續故事現場的熱切回應。

故事上場

　　依照之前選定及準備的方式開始說故事，並根據現場的情況彈性調度，例如：哪個部分吸引孩子的興趣，可以特別聚焦此處探索或討論；若是採取朗讀故事的方式，孩子卻分心或興趣缺缺，就可立即改以口語敘述或與孩子互動，吸引孩子的目光，享受聽故事的樂趣。

結語／延伸學習活動

　　故事說完後，做個結語，鞏固今天的故事印象，若還有時間，則可以進行延伸或統整學習活動，活學活用。例如：說完故事後的統整討論、發展感受與思考的途徑、進入故事主題的探討，例如：

　　說一說喜歡的角色，聊一聊印象最深刻的畫面或故事情節。

　　談一談影響故事結局的關鍵思考。

　　想一想從故事裡有什麼發現？或想對故事中的誰說什麼話？

　　聊一聊生活中有沒有遇到故事內容相近的情境？你會如何做？

　　或者可以發展故事活動，像是主題體驗活動，或是前一章提及的各種故事遊戲等等。

🍎 器材準備

　　決定說故事流程後，接著就將需要的器材及道具準備好，像

是上一章提到的故事偶、指偶、黏在白板上或故事圍裙上的各式造型偶，或是做小書的紙張及剪刀、膠水等工具，布置故事舞台的材料、角色造型裝扮等等，各式創意有待故事人盡情發揮，更能引起小朋友聽故事的興趣。

🍎 故事檢視

故事說完後進行檢視，是否引起孩子的興趣？哪個部分獲得孩子熱烈的回應？哪些部分不夠順暢？遇到什麼狀況？如何因應與調度？可參考下列的故事規劃表，安排每一場故事的流程及檢視每一場故事的呈現。在一次次的經驗學習裡，精進說故事的能力。

說故事流程 & 檢視表

說故事構思 & 檢視表　　　撰寫者： 撰寫日期：
◎故事名稱：　　　　　　出版社：
◎說故事日期：　　年　　　月　　　日
◎參加人數統計：總共　人 學齡前　人　　低年級　人　　中年級　人　　高年級　人 家長　　人

説故事方式：

□朗讀　□敘述　□互動對話　□討論

（可複選及交互應用）

故事流程：

1. 暖身活動

2. 故事上場

（朗讀重點提示／故事線／提問）

3.延伸或統整學習

◎使用道具：

◎其他配合事項備忘：

◎會後檢視：

1. 活動進行中，聽者的參與狀況（專注、不理睬，原因：　　　）

2. 優點回饋及保持：

3. 表達方式：

   A. 音量（高、適中、偏低）

   B. 速度掌握（偏快、適中、太慢）

   C. 用詞（適切、流暢、失當）

     問題及修正：

   D. 身體語言（很好、普通、加油）

   E. 眼神的運用（很好、普通、加油）

4. 時間掌控（很好、普通、有待加強）

5. 現場調度能力（很好、再加油、失控）

   原因：

   如何改進：

6. 整體表現（生動、平穩、失當）

   原因：

   如何改進：

7. 其他發現與修正建議：

🍎 突發狀況的應變

　　純真的孩子對於故事的反應很直接，喜不喜歡都表現在臉上，因此有些故事人會覺得倍感壓力，但是有經驗的故事人卻也認為孩子真實的反應可以成為改進與繼續提升的動力，以下整理

故事人在說故事時遇到的問題與挑戰，若能有以下的因應策略，就能避免挫折，順利完成每一場故事活動。

孩子不愛聽

　　因為故事現場的孩子來自不同的家庭，有些已經有親子共讀的體驗，有的則否，若有孩子現場哭鬧，或是中途離開，故事人的情緒都不要因此受到影響或深感挫折，這不見得是你說的故事不好聽，有時是孩子還未培養閱讀的興趣和習慣，或是因為天性動靜的差異，聽故事的專注力不盡相同，換個正面思考，因為有你，孩子才有聽故事的美好開始，這次雖然只聽一分鐘，但因為習慣逐漸養成，日後時間也會逐漸拉長的。然而，若是所有的孩子都不感興趣，也可以從中累積說故事的經驗，下次換個有趣的故事，或是根據現場狀況調度說故事的技巧，在不斷學習精進裡，成為受孩子歡迎的故事人。

孩子聽過你要講的故事

　　你正要說故事，有孩子一看到繪本大喊：「這個故事聽過了。」「這本繪本讀過了。」有些故事人會說：「再來聽一遍吧！我講的故事更精彩喔！」可是孩子還會隨時插嘴：「我知道後面發生怎麼事。」「我知道結局。後來……」擾亂故事的節奏，這時，不妨加入幾個需要思考的提問來反問孩子，例如：「發生這樣的事，阿偉是怎麼想的？」若孩子一時無法回應，這時你可以說：「那麼你再仔細聽一次故事，想想看。」或者就請知道故事

情節的孩子和你一起進行角色扮演，協力說故事，但若現場所有人都聽過這個故事了，就來直接討論故事或是進行故事延伸學習，例如：故事小書讀寫遊戲等等。

要準備獎品嗎？

有些故事人會擔心現場不熱絡，因此以獎品為誘因，但是進行幾次以後，有時孩子就會先問：「今天有沒有獎品？」或是：「今天的獎品是什麼？」也會比較哪個故事人送的獎品比較好，看獎品好才要回答；或是大家搶著答題，獎品不夠發放。雖然獎品可能會是觸動孩子發言或參與的誘因，但是更可貴的是孩子自主的動機與行為，因此，儘量避免以獎品作為回答的誘因，可改以口語的讚賞增強孩子的正向行為，即使答錯了也鼓勵孩子參與的勇氣，或是提供給未回應的孩子更多的線索或啟發，都能建立孩子的自信與自我價值，這種動機的驅動，比獎品更具意義。

孩子紛紛舉手要叫誰？

孩子踴躍舉手回應提問，這時不知點誰回答比較好，或者還有孩子埋怨說：「你都叫他不叫我。」有特定答案的故事情節提問較能引起孩子回應，邀請某個孩子時，可以說一下選他發言的理由，例如：「喔！我看見他最快舉手。」或是：「這次換後面的小朋友回答。」表示你關照所有小朋友的狀況，也有你的選取理由。再來可以提問從情節深入探究的議題，例如：「小豬發現朋友都不理他，這時他的心裡是怎麼想的？」因為需要思考，回

應的速度會變慢，舉手的小孩也會較少，這時，選取小朋友回答就容易多了，這樣思考深淺的交替提問，往往可以維持故事現場的秩序，並且展開故事活化與深化學習的進程。

提問沒有人回應

另一個狀況是提問後無人回應，這時的冷場有兩種意義，一是有意義的沉默，對於提問需要時間想一想，這時可以停個幾秒，讓孩子思考。很多故事人都很怕這個安靜的時刻，覺得不安，所以就常常自問自答，然而，若不是直接反應的情節提問，本來就需要時間來思考，思考能力養成之前，先要培養思考習慣，若常常都是替孩子回答，孩子就更懶得想，只等著你來說。但若是幾秒後還是無法回答，這時就可以運用討論的調度技巧，先問個較簡單的問題，搭起思考的橋梁，例如，本來問的是推論的問題：「這時阿偉是怎麼想的？」若孩子沒有回應，可以改問：「阿偉發生了什麼事？」從情節的訊息提取等較具體的提問切入，找到孩子的思考點，再逐步發展理解的途徑，建構思考的進程。

另外一種沒有人回應的情形是無意義的沉默，也就是孩子沒有關注你在問什麼，不回應不是不會，可能是引不起回答的意願，連想都不願想，這時可以改問個孩子感興趣的提問，例如：「你都跟好朋友玩什麼遊戲？」從分享的角度邀請孩子回應，活絡思考與現場的氣氛，再漸入互動的佳境。

看不到你手上拿的繪本

　　你拿著繪本，對全體或全班的孩子說故事，因為人數較多，後面的孩子直嚷著看不到，無法融入在故事情境裡，漸漸失去興趣，因此，有些故事人會以故事劇場來說演故事，甚至製作讓更多孩子可以看到的大繪本。

　　若能先知道人數，可作為選擇繪本的考量，太多圖像細節的繪本不適合孩子較多的故事現場，而最簡便且可以立即處置的方式即是現場的座位調動，可以將孩子的座位分成幾個小區塊，設計一條你可以走動的路線，在講到畫面細節時停頓一下，輪流走到每個區塊裡，讓孩子看一下你說的故事畫面，再繼續情節的發展，或者可以多準備幾本繪本，每個小組共看一本。當然，聽完故事不代表就是讀完這本繪本，若看不清楚繪本，孩子聽完故事後，願意把你說的繪本拿來重新讀一遍，進行圖文探索與思考，自己決定何時翻頁，才是閱讀的完成，更何況許多孩子會在聽完故事後去圖書館借這本繪本來看，或是有些故事人會把書留在教室，讓孩子聽完故事後有書可讀，喜歡聽故事，也愛上閱讀，發揮了故事的力量。

現場秩序難以維持

　　說故事時現場秩序混亂，有時是孩子在下面講話，講得比你還大聲，有時是對故事缺乏興趣，東張西望，甚至跑來跑去，現場一片吵雜，常有故事人以更大聲來壓制現場的吵鬧與混亂，但

這時候說故事的基本功就派上用場了，以故事的抑揚頓挫。大小聲的音量變化引起孩子的注意，例如，小朋友突然發現聲音怎麼變小了？發生了什麼事？因此被你豐富的聲音表情吸引，忘我的進入故事情境；或者和孩子進行更多互動，例如：邀請正在講話的孩子分享他所說的趣事，從原來看似局外人的角色，參與故事情境。

另外讓故事人頭痛的還是孩子常常說出令故事人感到尷尬的話語，例如，孩子回答：「他去吃大便了。」等等不雅的回應，有時候孩子就是覺得好玩，或是想引起注意，這時故事人可以輕鬆以對，例如：邀請其他小朋友回應，以多數人的意見來稀釋原先發言者突顯自己而故意搗蛋或偏差的價值觀，這時孩子發現自己的發言並沒有如預期般受到矚目，或是得到別人的認同，就會自己找台階下，例如：「我剛剛是說好玩的啦！」能夠在同儕影響與生動的故事情境裡漸漸改變原先擾亂的行為，也是另一種潛移默化吧！

因為故事人美善意念的付出，從家裡到各個故事角落，更多的孩子因為聽故事的快樂時光，涵養了閱讀的興趣與習慣，一個個故事開啟想像，遇見希望，也開展孩子未來的想望，也期待本章提及的說故事知能能夠成為一場場故事活動順利進行的指南，讓孩子在這豐美底蘊的養成裡，接續日後的續航學習，以閱讀為配備，遇見希望的未來。

Chapter **9**

與小學兒童共讀：
厚植孩子的讀寫素養

　　有閱讀觀念、習慣的家長幫助孩子的學習事半功倍，願意陪伴孩子閱讀，在暖暖的愛與支持中，涵養閱讀的興趣與習慣，並且隨著孩子成長，適時引介適合的讀物，引領孩子發展閱讀的進程，這樣的父母是需要學習的。

　　在當今知識爆炸的變遷社會中，趨勢專家杜佛勒指出：「未來世界唯一不變的原則就是變！」在知識不斷更新、瞬息萬變的世界裡，終身學習的素養將是現代人的基本配備，而閱讀更是學習的重要途徑，透過閱讀，可以站在古往今來的智者肩膀上高瞻遠矚，開啟恢弘的生命格局，擁有前瞻的希望未來；可以了解最尖端的資訊與知識，與世界接軌，同時，閱讀可以帶領讀者遨遊心靈花園，陶冶性情，涵養柔軟的溫暖心靈，為人類構築真善美的希望藍圖。而親子共讀也正是從寶寶出生開始播撒的閱讀種子，引領孩子培養閱讀的興趣與能力，建立閱讀的習慣。

　　然而，許多師長卻相繼提出這樣的疑惑：孩子上小學以後，

忙於功課，沒有時間進行親子共讀，也就不閱讀了，又或者缺乏自主閱讀的興趣與能力，或是從小讀繪本的孩子讀文字書興趣缺缺，更多家長詢問：究竟親子共讀要進行到孩子多大才停止？

通常，我們把 0-3 歲視為幼兒閱讀啟蒙的重要時期，3-8 歲是閱讀行為養成的關鍵期，如果經過 8 年左右的陪伴和共讀，大約是小學三年級時，孩子應該已經培養出閱讀的興趣與習慣，以及自主閱讀的能力，並且在文字識讀的基礎上，逐漸發展深廣閱讀的日常，然而，許多師長卻反映孩子上小學以後對閱讀越來越沒有興趣，小學階段還是沒能發展自主閱讀的能力，更有家長表示：孩子讀了很多書，但讀了什麼都說不上來，同時，圖書館有豐富的兒童讀物也乏人問津。

🍎 小一閱讀起步走

從 2009 年開始，教育部也在小學校園推廣「小一閱讀起步走」的活動，鼓勵家長和小學孩童一起共讀，但是因為家長小時候常有讀非教科書讀物而挨罵的經驗，像是：「課本不讀，讀這些閒書做什麼？」「怎麼還不趕快去寫評量和考卷？」因為童年複製的記憶，現在這些話還是常有家長掛在嘴邊。然而在現今知識爆炸的時代，因應核心素養的教育趨勢，孩子更要從教科書的基礎再發展深廣閱讀的學習，從小涵養的閱讀興趣與習慣，也要在進入小學之後持續閱讀日常，不但豐富了生活內涵，父母也可以從中關注孩子的學習與成長，建立親子心靈密切的聯繫，涵養家庭優質文化。

🍎 更豐富的書籍選擇與共讀

因此，在小學階段繼續銜接幼兒時的親子共讀習慣，若之前都沒有進行過親子共讀，也就從這時期開始吧！只要有起步，就有前行的無限可能。為兒童語文能力及身心發展量身打造的各式讀物都正等著孩子來閱讀，藉由親子共讀的接引，在探索的樂趣及多元學習裡，培養閱讀的興趣，逐步發展深廣的閱讀進程。

兒童繪本

嬰幼兒時期讀繪本，在小學階段仍然有多樣的兒童繪本選擇，除了呼應小學學童的心理認知，發展更多元的議題，探討更深刻的意涵，並且以更細膩的圖文細節傳遞更豐富的閱讀視野，浩瀚的閱讀世界不斷帶來驚奇，更是小讀者能夠親近閱讀並維持閱讀興趣的關鍵。

例如：這本《藍蘿蔔在哪裡？》，更多的文字量以及細膩的圖像充滿了細節和驚喜，帶領小讀者從史前時代、古羅馬競技場到中古世紀城堡，甚至出發到高科技的現代太空站，在一頁一頁的故事演進裡，彷彿走了一趟玩趣與知識探索兼具的閱讀旅程。

（《藍蘿蔔在哪裡？從史前時代找到太空探索時代！》，作者：賽巴斯提安・戴勒齊（Sebastein Telleschi），譯者：劉璞，時報文化，圖片來源：https：//www.books.com.tw/products/0010740175?sloc=main）

　　又如：這本《這裡會是我的家嗎？》雙封面的設計，讓本書可以正著讀和倒著讀，卻也能讀出全然不同的視角與結局。海豹母子在巨浪追逐中，預備爬上礁岸，其他已經在岸上的海豹看到海洋上這兩隻疲憊的海豹尋找棲息之所時，是熱情歡迎他們到來？還是將他們驅離？或者還有其他更多的意涵？同樣的文字，同樣的圖，但不同的翻頁順序卻呈現故事迥然不同的意涵。可以是：

　　「回去你自己的地方。」
　　「你知道你不能
　　　把這裡當作自己的家。」

但從後面讀回來，卻可以是

　　「把這裡當作自己的家。」
　　「你知道你不能
　　　回去你自己的地方。」

175

　　因為**觀**看和思考角度不同，一樣的文句卻產生兩個全然相異的**觀**點。一個冷漠、自私、排他，另一個則是寬容、關懷和良善。若未能建構理性**觀**察與思維能力，未能對事物有周全的判**斷**後再下定論，常常以「我」的主**觀**感受、想法和所見所聞凌駕一切，無法接納異己的**觀**點和想法，甚至造成不必要的誤解和傷害。

　　大人常常在教養孩子時感到無助，當認定孩子在搗蛋時，也常以權威的方式要孩子服從，導致衝突的發生，或者與孩子的心越來越遠，但在親子共讀裡，可以從這本書討論與思辨客**觀**事實與主**觀**認知的差異和原由，學習與體驗站在不同的角度和立場來看待身邊的人事物，涵養寬容體貼的同理心，也是尊重與接納的體會與練習，並且培養獨立思考和表達的能力。

　　這樣多元有趣且內容更為深廣的繪本，可以滿足小學學童的閱讀期待與探索，樂於親近書本，打開一本又一本的書籍，發展閱讀日常。

（《這裡會是我的家嗎？每個故事都有兩面》，作者：凱特・坦普（Kate Temple）、約爾・坦普（Jol Temple），繪者：泰絲・蘿絲・班頓（Terri Rose Baynton），譯者：劉清彥，時報文化，圖片來源：https://www.books.com.tw/products/0010855715?sloc=main）

從繪本共讀學閱讀

　　如前所述，兒童繪本所提供的意念與面貌是豐富而深刻的，因此，如果小讀者只是淺層圖像與文字的「看」到，沒有敲扣內心的感動與體會，長久下來就容易疲乏、無以為繼了。所以此時的親子共讀可以和孩子發展深度閱讀的進程，發現好書的動人樣貌。從淺層的情節印象與記憶，進而在互動與討論的共讀裡觸動感受與思考，深入書本的探索，領會讀物的主題與意涵，再到生活的印證與實踐，發現活學活用的無限可能，所謂「學會閱讀，進一步從閱讀中學習」。這樣的過程也呼應了小學階段閱讀理解策略的學習，以「會閱讀」的配備引領深化與活化的閱讀能力，發展閱讀續航力。以下即是閱讀理解策略的步驟及共讀實踐：

步驟一：提取訊息

　　親子一起從書裡探尋，在一頁一頁的圖文觀察裡，發現書中關鍵的、喜歡的、有共鳴的，以及不了解的、疑惑的部分，作為下一步深入閱讀的線索。

步驟二：進行推論

　　從發現到的圖文訊息，推論圖像與字裡行間情緒、氛圍、心情、想法、意念的感知，分享與交流彼此的感受與思考，閱讀就能從外在情節的瀏覽深入內在的思考與探究，發展文意理解的途徑。

例如，在共讀時和孩子一起——

——從圖像裡角色的表情，推論角色的心情。

——從角色的圖像造型、動作與情節的描述，推論性格與想法。

——搭配文字的敘述，從顏色感受情緒，從構圖看出角色對自我的看法，以及與其他角色的關係。

——發現哪些象徵的運用，傳遞了什麼意念？

——哪些小細節可以輔佐了解作者想要表達的意圖？

——還有哪些特別的發現？

——有哪些印象深刻或是特別喜歡的圖畫或文句？說一說你的感受與想法。

——有哪些不了解或覺得不合理的部分？是否可以從其他訊息的推論裡進一步輔助理解？

步驟三：連結與整合感思的線索，發展內容詮釋，領會主旨意涵

連結前後頁訊息推論的感受與思考，整理出文意的脈絡，知其然也知其所以然，有所感思而有所得，從情節在說什麼，探討到書中談的是什麼議題，又是怎麼說的，也就是主旨意涵的掌握。

例如：

　　——從故事開始到結束，主角的想法有什麼改變？是什麼讓他有這樣的改變？

　　——是什麼關鍵行為或想法造成這個結局？

　　——這個故事談什麼議題？又是怎麼說的？

步驟四：檢驗與評估，發展自己的見解。

　　從前面統整的主旨意涵，進一步聊一聊你對這本書的看法，有什麼新的發現與學習，生活裡如何實踐與應用，例如：

　　——生活裡有哪些類似的情景可以印證書中的景況與學習？

　　——如果你是書中的角色，你會怎麼做？

　　——可以將書中的哪些學習運用在生活裡？

　　因此，與小學的孩子共讀繪本，不只是閱讀的陪伴，可以運用上述的共讀方式引領孩子來學習閱讀理解策略，為後續高層次的閱讀作好暖身與銜接的準備，讀出字裡行間意念與感受流動的深刻感思，孩子認知到的文字就不只是一筆一畫的構築而已，更是表情達意的符碼，進而能夠從會閱讀、愛閱讀到多閱讀，厚植閱讀素養。同時，也能與孩子在學校的學習相輔相成，在生活中活用，例如：繪本《國王的長壽麵》裡國王長長的衣服、長長的壽麵……，讓孩子發現所謂的「長度」不只是數學課本中那一條以尺畫出的直線，也是生活中各式各樣的存在；又如《綠豆村的綠豆》裡，兩個老頭兒數綠豆，比賽誰買的綠豆多，在共讀時進一步運用所學的數學知識來解決繪本中角色遇到的難題，涵養知識活用於解決問題的能力。

從橋梁書到文字書

　　我在親職講座裡遇到許多家長都有這樣的問題：「孩子小時候讀繪本，長大後沒有圖畫的書都不讀。」越來越多的家長也發現或憂心從小讀繪本的孩子失去讀文字的耐心與能力，前面章節談及的繪本共讀引領，正是涵養從讀圖到解字的閱讀進程，可以解決上述的問題，同時，在讀物的選擇上，也可以逐漸引入圖少字多的橋梁書，作為繪本到文字書的銜接。橋梁書也像繪本一樣有生動的圖畫，卻有更多的文字量與頁數，藉由生動故事的吸引，孩子在不知不覺中就可以熟悉文字閱讀，也能逐漸發展自主閱讀的習慣與能力，更從如文字書一樣版式大小的橋梁書，對文字書更容易親近，接著就能引領孩子多元涉獵詩集、故事、短文、兒童小說、傳記、自然科學……等各式兒童讀物，擴展思路、豐富知識背景，培養深廣的閱讀品味。

🍎 與兒童聊書

　　和孩子共讀頁數少的繪本，家長較容易接受，但對於與孩子共讀文字書，可能就有家長覺得為難了。然而，小學學童的親子共讀能否順利進行，重要的還是大人的態度，隨著孩子不斷成長，漸漸會爬、會走、會跑，長成獨立的個體，到了小學階段，父母的懷裡再也容納不下長高長壯的寶寶，這時教養的方式也要因應孩子成長的階段而有所調適，許多家長和孩子共讀兒童小說後，卻意外發現優秀的兒童作品可以同理孩子的心，不只親子更有話題，也能從彼此的分享裡，更了解孩子的想法，催化親子之

間親密的心靈交流，創造親子良性的互動，引領孩子適性成長，而父母也從中獲益，因為得以回溯自己的童年時期，進而療癒了自己。因此，如同本書一再強調的，親子共讀不是陪孩子讀書，而是和孩子一起學習成長，大人、孩子從而養成閱讀習慣，漸漸的，閱讀成為大人與小孩對等的享受，從一本書的共讀到每個人各自拿起書本閱讀的家庭時光，或者一起到圖書館或文化中心，看書報雜誌、借書、參觀各種展覽、表演活動，形塑家庭的閱讀文化，一起共學共好。

因應孩子的成長與多元書種的涉獵，可以發展更多元有趣的共讀形式，像是和孩子以角色扮演的方式讀一短篇故事，或者討論長篇小說裡的一個章節，或是選一本書，輪流朗讀，再則與孩子「聊書」，所謂「聊書」就是親子輕鬆自在的分享閱讀後的感受與想法、交流彼此的觀點，就好像聊天一樣，可以在特定的時空進行，漸漸形成聊書習慣後，在生活裡隨時隨地都可以聊，像是在車上或餐桌等等生活場景裡，隨興分享與交流：「你讀到哪裡了？」「後面很精彩喔！」「我覺得書中的阿力很像之前讀的那本書的蘇菲，都是對生活充滿好奇。」我特別以「聊書」來定義小學階段的親子共讀，是因為很多家長想跟孩子共讀，卻不知不覺就如同口試一樣，只對孩子提問一些主角是誰？情節如何等等封閉式的問答題，這一類的提問停留在閱讀過的記憶查核，也缺乏閱讀的驚喜與發現，孩子就因此興趣缺缺了。

那麼要如何與孩子聊書呢？對於沒有興趣讀文字書的孩子，可以先從兒童小說開始，因為故事情節較能引起孩子的閱讀興

趣。在讀一本書之前，家長可以先和孩子從封面聊起，像是：

封面上看到什麼？

從封面圖像和書名的線索，猜一猜這本書的內容會說些什麼？

這樣的提問可以引發孩想讀這本書的動機，同時也啟動了從這本書的封面線索推論與思考，在後續讀這本書的過程裡，展開探索與對話：

哪些和我之前猜的一樣？哪些不一樣？為什麼不一樣？

書中是以怎樣的想法來發展情節的？

於是，閱讀後就不會只是被動瀏覽情節而沒有想法的「不知道」，而能進一步分享與交流閱讀前的猜測與過程中的發現。所謂「問什麼問題決定怎樣的思考」，引領孩子深入內涵探究，除了自在的分享上述讀後的感思，也可以來聊一聊書中角色的性格，在情節發展過程裡角色的想法以及解決問題的關鍵思考，並可以分享印象深刻或喜歡的文段、情節、角色……等等，交流彼此的感受與觀點，發展書中細節的探討與議題深究，還可以聊一聊對於書本的看法，從書中的發現與學習，或是接續生活裡的印證與活用，以輕鬆開放的方式展開對話與討論，這樣的共讀比起自己讀，會有更多的發現與領悟，也從中建置了深廣閱讀的方法，從閱讀開啟更寬廣的眼界，並將閱讀的洞見內化為學習的養

分，隨時在生活相應的時機裡觸動更多的思考連結與活用。

這樣的共讀過程也回應了許多家長的疑惑：為什麼孩子讀很多書，但都沒有什麼想法或感受，也看不到閱讀反映在學習的表現上？若是孩子將閱讀當作不動腦筋的休閒，只選擇輕鬆好笑的書來讀，閱讀時也只是被動跟隨情節的發展，對於作者細膩經營的意象與氛圍的文字描述無感而快速跳過，讀後的學習也就有限了。也常有家長反映孩子語彙貧乏、作文寫不好，表達力不佳，更缺乏思考能力，如果是這樣的話，那就不妨跟孩子共讀吧！和孩子一起涉獵各種讀物，並藉由上述建議的共讀方式，開啟閱讀探索的樂趣，在活學活用的共讀情境裡，滋養全方位的學習力。

由上可知，有閱讀觀念、習慣的家長幫助孩子的學習事半功倍，願意陪伴孩子閱讀，在暖暖的愛與支持中涵養閱讀的興趣與習慣，並且隨著孩子成長，適時引介適合的讀物，引領孩子發展閱讀的進程，而這樣的父母是需要學習的，在親子共讀的實踐裡，一家人培養閱讀興趣，持續閱讀習慣，這是學習型家庭的建立，也是終身學習社會的具體實踐場域。

Chapter **10**

與青少年共讀：
看見生命飛翔的姿勢

從小學兒童到青少年階段，孩子應該能夠自主閱讀了，在這同時，也可以繼續與青少年聊書，以輕鬆自在的開放式對話，分享彼此的閱讀想法與感受，內化為學習與成長的養分。

從新生兒、幼兒、小孩到青少年階段，許多家長都反映孩子無法像兒時那樣的優遊自在，每天忙於應付學校的功課和考試，連「課外閱讀」都很難，更不用說親子共讀了，那麼在青少年時期親子共讀是否還能存續？或是呈現怎樣不同的樣貌呢？

🍎 閱讀滋養青少年的學習力

如同前文所述，因為學校的課業壓力及準備升學考試，許多青少年因而無暇閱讀，然而學者專家大聲疾呼：「現今的會考評量的就是閱讀素養，為了會考，更需要閱讀。」因為教科書一綱多本，評量的考題不從課本直接出題，學生要能夠從題幹提供的訊息連結知識背景靈活推論，選出正確的選項，同時，因為題幹

的完整敘述，每個題目的字數增多了，也有篇幅較長的題組題，還會以圖表、照片相互對照，讀不懂題幹的敘述無法解題，只是死背知識也無法順利答題，不單是國文科如此，各科試題也都是以這樣的理念來出題，這樣的考題反映了現在青少年必備的素養：不是考學校學了什麼，而是學到的能夠拿來做什麼；不是背誦了多少知識，而是能否活學活用。同時，面對這樣題數多、字數多而需要靈活思考才能作答的考題，應試者更要在平常養成廣泛涉獵各式閱讀的興趣和習慣，養成靈活的思考能力，才能在五花八門的試題與有限的時間內順利作答，不會因為對題型與內容全然陌生而感到吃力。因此，為了考試而停止閱讀的青少年，還是持續閱讀的習慣吧！

閱讀讓青少年面對希望的未來

　　那麼，就正本清源來看待現今會考與教育變革的意涵，了解青少年需要儲備的是怎樣的能力。如同《朗讀手冊：大聲為孩子讀書吧！》書裡說的：「面對知識經濟時代，閱讀是消滅無知、貧窮與絕望的利器。」閱讀拓展了生命視野，觸動人生的美好想望，也才會有生活積極的動力，儲備面對未來的無限發展力，創造豐美的人生，也如同趨勢專家說的：「現在的孩子將來進入職場的工作，有百分之七十現在尚未發生。」也就是快速變遷的時代裡，很多舊工作將因為不符合需求而被淘汰，新的工作也因應時代不斷產生，閱讀涵養靈活思考與解決問題的能力，培養宏觀的視野與終身學習的素養，期能在變化萬千的時代裡，孩子都可

以成為掌握世界脈動的人，甚至是領導時代前進的先驅者，所以，教育當局必須有前瞻思考，也就是如何給予孩子適切的教育養分與配備，讓孩子得以適應或創造未知的未來。

🍎 閱讀提供青少年志趣的探索

青少年是孩童與成人的過渡，也正是人生適性探索的關鍵時期，因此，閱讀對於青少年的意義也就是從課本和考試裡抬起頭來，在閱讀的多元涉獵裡，向外探索世界，向內認識自己，找到自我的價值，想望人生的願景，因此，閱讀是通往希望未來的路徑，更能啟動學習的動機，反映在生活及課業的態度上，不只是把事情做完，更是把事情做好。只是埋頭苦讀的孩子不知道自己的志趣何在，日後分數落點在哪裡就去讀那個科系，即使畢業後也往往不知道自己要做什麼，能做什麼。然而，在書海裡探索，可以拓寬眼界，更能發現上天給自己獨一無二的禮物，發現別人沒辦法取代的特質，發揮所長，找到自己的價值，同時可以為自己掌舵的人生也就因而快樂、幸福。不如就從培養孩子的閱讀素養開始吧！在閱讀裡展開自我的探索，發現自己的興趣與專長，生命基地穩固了，就能開啟生活的想望，並且有能力一步步實踐，進而發展生涯規劃的無限可能。

曾經在搭高鐵時遇到一位家長，她一再地感謝我，因為以前她是一個要求孩子有空時就要寫評量、操練考題的媽媽，聽了我的講座後，開始和孩子共讀，建立閱讀日常，有一天，她和孩子共讀了《流浪狗之歌》，孩子遂立下要當獸醫的志願，因此人生

有目標，讀書有動機，改變以前意興闌珊的學習態度，功課突飛猛進。因為他為讀書找到了意義，相較於現在許多埋首於考卷的莘莘學子，不知道自己的志趣在哪裡，也不知為何而讀書，也不知自己可以做什麼，而閱讀讓青少年在自己的人生座標裡，找到相應的位置。

閱讀滋養青少年的成長力

青少年正值青春狂飆期，不僅情緒難以控制，也常感到苦悶或迷惘，而為青少年量身打造的小說不只生動的情節讓閱讀變得更有吸引力，也同理青少年的處境，是忙碌生活與壓力的慰藉，青少年讀者跟著書中和自己一樣的青少年主角一起探索人生，發現自我的價值，解答成長的迷惘，勇敢面對生命中的困境，進而掙脫枷鎖或撥開迷霧，涵養解決問題的智慧與勇氣，青少年也從閱讀裡認識自己，觸動美好生活的想望，夢想逐漸成形，並且在書中愛、希望、夢想與勇氣的成長養分裡，找到生命的出口以及人生奮起的能量，一步步實踐想望的未來，於是，閱讀不只是知識，更是生命飛翔的姿勢。如同翼下之風，幫助展翅高飛，改變孩子生命原來頹圮的樣態，創造美好的人生。

和青少年聊書

從前文可知，閱讀對於青少年之必要，從兒童到青少年階段，孩子應該能夠自主閱讀了，在這同時，也可以運用輕鬆自在的聊書方式，繼續與青少年共讀，在開放式的對話裡，親子分享

與交流各自的閱讀想法與感受，閱讀就不只是情節的匆促瀏覽，而能內化為學習與成長的養分，進而轉化為優質生活的實踐。

　　以《牧羊少年的奇幻之旅》這本小說為例，書中描述一位西班牙安達魯西亞地區的牧羊男孩，他渴望認識世界，展開了生命想望的旅途。在途中，他因緣際會的遇見了「塞勒姆國王」、非洲的水晶商人、前往綠洲的駱駝商隊……。多年前，我在兒子的班上，與一群青少年共讀這本書，孩子們從書中牧羊少年的旅程，認真探討什麼是「天命」，熱烈討論著書中每個角色的特質：在乎別人眼光而不敢追尋自己「天命」的麵包師傅；或者有「天命」而不知如何實踐的吉普賽占卜師；認為「天命」在心中溫存就好而安於現狀的水晶商人；只會紙上談兵的英國人……他們從牧羊少年的旅程得到啟發，進而開創自己的生命探索之旅，也從中找到自己的天命，成為夢想的勇士。後來，我發現手中的這一本竟不是我原來的書，我無意中拿到另一個小朋友的書了，卻發現書裡有孩子的筆跡這樣寫著：

　　每個人來世上就是來學習的，
　　用心傾聽，找到天命。
　　你將會得到「他」
　　那心裡的豐盛富足。

　　這書本與共讀傳遞的溫暖與能量，歷久彌新。閱讀，是越行越無窮的旅程，翻開一本書，也是滿滿的祝福，來自作者，來自

接引自己的天地之心，還有生命中不經意的美麗相遇。

（《牧羊少年奇幻之旅》，作者：保羅‧科爾賀（Paulo Coelho），譯者：周惠玲，時報文化，圖片來源：https：//www.books.com.tw/products/0010904947？sloc=main）

這樣與青少年共讀，不只是給青少年追尋夢想以及實踐自我的勇氣，也是給忘了自己曾經有夢的大人重新注入生活的熱情與想望，許多家長都跟我反映，起初是為了孩子接觸這些青少年讀物，但藉由親子共讀討論，也從中培養了孩子思考的習慣與能力，涵養解決問題的能力與生命擔當的勇氣，也更了解青春期的孩子在想些什麼，給予愛與生命定位的扶持，同時也建立了家庭的討論文化，青少年的孩子能夠與家人親密互動與交流，有問題或迷惘時願意與家人溝通，建立了更親密的親子關係，在受挫或

疲累時，家裡透出的燈光，給予溫暖的慰藉，而這愛的所在，帶給孩子希望，更能勇敢追尋夢想。

　　所謂「腹有詩書氣自華」，多和孩子聊書，孩子的談吐、品味自然不凡。藉由閱讀的實踐，從面對書牆到以書本作為生命的後盾，從書頁的心靈神遊到現實中的生命壯遊，從書中淬鍊的智慧釐清迷惑的思緒，解開紛擾的糾結，攢積改造生命的能量，擘劃人生的美好藍圖，這就是閱讀的美好樣子。也如同德國文學家赫曼・赫塞（Hermann Hesse）這段話：「這世界的書，並不是都會給你帶來幸福，但是，他們會悄悄的，教你回到自己的內部。在那裡蘊藏著你所需要的一切：太陽、星星以及月亮。因為他所尋求的光，都住在你本身內部。長期間，你在萬卷書籍裡所尋求的睿智，如今已從所有的紙頁亮著光輝──因為，如今睿智都已屬於你。」在親子共讀的交流裡，閱讀更是外在情節到內在生命覺察的意念流動，是感動、覺醒到改變自己的行動，從紙頁的光洞見生命的光。

　　就從親子共讀一起體會與享受閱讀的美好吧！涵養終身學習的素養，在紛亂多元的時代裡，讓閱讀涵養睿智，儲備身心安頓的力量，豐美我們的人生，這是青少年迎接未來人生的最好準備，而透過親子共讀，身為大人的我們也得以檢視自己，並且和孩子一起成為更好的人。

教養生活 70

說故事與親子共讀：從零開始，讀出孩子的學習力與成長力

作　　者	林美琴
圖片提供	林美琴
圖片授權	上人文化、時報文化
責任編輯	陳萱宇
校　　對	林秋芬
主　　編	謝翠鈺
企劃主任	賴彥綾
封面設計	陳文德
美術編輯	菩薩蠻數位文化有限公司

董 事 長　　趙政岷

出 版 者　　時報文化出版企業股份有限公司
　　　　　　108019台北市和平西路三段二四○號七樓
　　　　　　發行專線　（○二）二三○六六八四二
　　　　　　讀者服務專線　○八○○二三一七○五
　　　　　　　　　　　　　（○二）二三○四七一○三
　　　　　　讀者服務傳真　（○二）二三○四六八五八
　　　　　　郵撥　一九三四四七二四時報文化出版公司
　　　　　　信箱　一○八九九　台北華江橋郵局第九九信箱

時報悅讀網　http://www.readingtimes.com.tw
法律顧問　　理律法律事務所 陳長文律師、李念祖律師
印　　刷　　勁達印刷有限公司
初版一刷　　二○二二年一月七日
定　　價　　新台幣三五○元

缺頁或破損的書，請寄回更換

時報文化出版公司成立於一九七五年，
並於一九九九年股票上櫃公開發行，於二○○
八年脫離中時集團非屬旺中，
以「尊重智慧與創意的文化事業」為信念。

說故事與親子共讀：從零開始,讀出孩子的學習力與成
長力／林美琴著. -- 初版. -- 臺北市：時報文化出版
企業股份有限公司，2022.01
　　面；　　公分. --（教養生活；70）
　　ISBN　978-957-13-9674-3（平裝）

1. 親職教育　2. 幼兒教育　3. 閱讀指導

528.2　　　　　　　　　　　　　　　110018679

Printed in Taiwan
ISBN 978-957-13-9674-3